L'ÉCOLE SOUS EMPRISE

DU MÊME AUTEUR

Romans et nouvelles

Soleil noir, L'Archipel, 2024.
Noirs Dessins, roman, L'Archipel, 2017.
Faits divers, faits d'amour, nouvelles, Hugo Doc, 2006.
Pur Porc, roman, Ramsay, 2003.

Essais

L'École à deux vitesses, L'Archipel, 2023 ; Archipoche, 2024.
La Fabrique du crétin 2. Vers l'apocalypse scolaire, L'Archipel, 2022 ; Archipoche, 2023.
C'est le français qu'on assassine, Blanche, 2017.
Liberté, Égalité, Laïcité, Hugo Doc, 2015.
Voltaire ou le Jihad, L'Archipel, 2015.
Tableau noir, Hugo Doc, 2014.
La Société pornographique, François Bourin éditeur, 2012.
Fin de récré. Pour une refondation de l'école, Jean-Claude Gawsewitch éditeur, 2008.
À bonne école, Jean-Claude Gawsewitch éditeur, 2006 ; Folio documents, 2008.
À bonne école, Jean-Claude Gawsewitch éditeur, 2006.
La Fabrique du crétin. La mort programmée de l'école, Jean-Claude Gawsewitch éditeur, 2005.
La Corse, Gallimard, coll. « Découvertes », 2004.
Sade, Larousse, coll. « La Vie, la Légende », 2000.
Haute-Corse et Corse-du-Sud, Guides Gallimard, 1993.
Entre ciel et mer, le mont Saint-Michel, Gallimard, 1988.

JEAN-PAUL BRIGHELLI

L'ÉCOLE SOUS EMPRISE

essai

l'Archipel

Un livre présenté par Liliane Delwasse

Notre catalogue est consultable à l'adresse suivante :
www.editionsarchipel.com

Contact : serviceclients@lisez.com

Éditions de l'Archipel
92, avenue de France
75013 Paris

ISBN 978-2-8098-5062-8

« Tolérer le foulard islamique, ce n'est pas accueillir un être libre (en l'occurrence une jeune fille), c'est ouvrir la porte à ceux qui ont décidé, une fois pour toutes et sans discussion, de lui faire plier l'échine. »

Élisabeth Badinter,
Régis Debray, Alain Finkielkraut,
Élisabeth de Fontenay
et Catherine Kintzler

« Profs, ne capitulons pas ! »
Le Nouvel Observateur,
2 novembre 1989

Avertissement

Le premier essai que j'aie publié sur le sujet de l'entrisme religieux dans les écoles de la République remonte à 2006. Il s'intitulait *Une école sous influence* et dénonçait l'emprise opérée par l'islam sur nos chères têtes blondes – et brunes. *L'École sous emprise* est en quelque sorte la « deuxième époque » d'une analyse de l'entrisme religieux – et spécifiquement celui de l'islam fondamentaliste – dans l'École et la société françaises.

En cette même année 2006, j'avais collaboré à l'édition commentée du rapport de l'inspecteur général Jean-Pierre Obin sur l'entrisme islamique dans l'Éducation – un rapport qui remontait à 2004 et que François Fillon avait soigneusement enfoui au fond d'un tiroir[1]. Cet ouvrage, patronné par mon ami Alain Seksig, était

1. Le passage de François Fillon rue de Grenelle fut presque aussi calamiteux que celui de Najat Vallaud-Belkacem. N'oublions pas qu'il entérina la directive européenne issue du Protocole de Lisbonne sur le « socle de compétences » qui éclipsait la transmission pure et dure des savoirs. C'est en vertu de ce « socle », toujours d'actualité, que vos enfants sont notés avec des couleurs, moins traumatisantes que des notes... Et qu'ils n'apprennent rien de solide, c'est-à-dire rien du tout.

intitulé *L'École face à l'obscurantisme religieux* (Max Milo) et rassemblait les contributions d'une vingtaine de personnalités laïques soucieuses de l'offensive de l'islam des ténèbres – étant entendu qu'il n'y a pas, sinon par escroquerie, d'islam des Lumières.

Ces livres, parmi d'autres, firent parler, mais ne firent pas agir. On a laissé les imams endoctriner les jeunes, on a laissé la justice (laxiste ou corrompue) donner raison systématiquement aux prêcheurs de haine et de djihad. On a laissé les pédagogues enseigner l'ignorance, de telle façon que des idéologies létales prennent dans les cervelles évidées la place du savoir et de la raison.

Puis vinrent les hauts faits sanglants de l'islam des déserts.

D'assassinats en massacres, on aurait dû comprendre que la guerre était déclarée. En vain : la gauche, depuis trente ans, fait les yeux doux aux « nouveaux prolétaires » – *dixit* Terra Nova, la boîte à idées d'une gauche qui n'en a décidément plus. Elle espère encore trouver chez les sectateurs de Mahomet l'électorat qui lui fait défaut depuis 2002. Elle est même allée jusqu'à confier les clés du ministère de l'Éducation à Najat Vallaud-Belkacem. Laquelle s'est empressée de détruire ce que les pédagogues qui avaient fait main basse sur l'École avaient par mégarde laissé encore debout.

La mainmise des options les plus extrêmes sur les élèves et les étudiants ne date pas d'hier et n'est pas un hasard. Le désir de transcendance, après avoir été, des siècles durant, comblé par le christianisme, puis par les idéaux républicains, est désormais exploité par le fanatisme islamique. Et, de façon intersectionnelle, par le fanatisme woke.

Ce livre est l'histoire de la reddition lente, mais continue, d'un pays en voie de morcellement en « communautés » antagonistes. C'est d'une guerre civile à bas bruit que j'entends entretenir le lecteur. L'avenir est entre vos mains : la loi coranique ou celle de la République. Et il n'y a pas de troisième voie.

Bien sûr, je n'entends pas stigmatiser les musulmans tranquilles, qui travaillent, paient leurs impôts et contrôlent leur progéniture. Ils sont d'ailleurs aujourd'hui les cibles principales des fondamentalistes. Une petite frange tente d'imposer la charia en s'érigeant en police des mœurs et arbitre des élégances : hors du voile, de la burqa et de l'abaya, point de salut.

Ces extrémistes sont une menace qui doit être éliminée. Sinon, des innocents paieront les exactions des fanatiques, comme dans toutes les Saint-Barthélemy. Qui ne comprend que les meurtres préludent toujours aux tueries ?

PREMIÈRE PARTIE

LE DJIHAD SCOLAIRE

1

L'École du « Grand Remplacement »

Que nous a enseigné l'actualité des premiers mois de l'année 2024 ?

Pour analyser les débordements de violence alors récents (la jeune Samara passée à tabac[1] à Montpellier parce qu'elle se maquillait et s'habillait « à l'européenne », Shemseddine battu à mort à Viry-Châtillon pour une « affaire d'honneur » à la pakistanaise par trois ou quatre de ses coreligionnaires, étant entendu que les fanatiques ont toujours mis l'honneur en dessous de la ceinture), Apolline de Malherbe, le 8 avril 2024, avait eu la bonne idée d'inviter Mila sur BFM TV[2].

En janvier 2020, la jeune fille avait inauguré la longue série des violences à motif religieux. Mila avait été la cible de menaces homophobes et misogynes de la part d'un ancien soupirant qui n'avait pas

1. C'est un euphémisme. Un mois après les faits, l'adolescente était toujours hospitalisée et risquait de graves séquelles – voir le témoignage de sa mère sur www.youtube.com/watch?v=gnUPTJgjYX4.
2. www.youtube.com/watch?v=fvQkauuNaxo/.

compris, apparemment, qu'elle préférait les filles. En réponse, elle publia sur Instagram quelques injures bien senties sur la religion de Mahomet – sur lui « sottise et bénédiction », comme dit Voltaire[1]. Cela lui valut cinquante mille menaces de mort et de viol en quelques heures sur ces mêmes réseaux sociaux dont nos politiques se demandent doctement s'il ne faudrait pas en limiter l'accès. Et pourquoi ne pas les contrôler totalement ? Après tout, les Chinois y sont parvenus sans grande difficulté… Mais, comme l'a souligné la jeune fille : si l'on a désigné les vecteurs des messages, on refuse toujours d'assumer l'identification du problème.

Et ce problème, c'est l'islam – religion de paix et d'amour, cela va sans dire. Quand on parle des « trois religions monothéistes », on tend à faire croire que l'islam fonctionne comme le judaïsme ou le christianisme. En fait, ce n'est pas seulement une religion, c'est un mode de vie, qui n'a pas l'intention de partager le terrain avec qui que ce soit.

Il n'y aurait, disent les statistiques, que 6 à 7 % de musulmans athées. C'est bien peu, comparé aux 50 à 60 % d'athées de culture juive ou chrétienne. C'est qu'un musulman hérétique est immédiatement qualifié de « mécréant » (ou de *kouffar*, comme on dit dans la langue de la charia), ce qui équivaut à une condamnation à mort. Samara a ainsi été traitée de *kouffar* par une autre collégienne plus soumise qu'elle

1. *De l'horrible danger de la lecture*, 1769.

aux diktats des « grands frères ». C'était lui mettre un contrat sur la tête.

D'où sans doute les déclarations de la mère de Samara, expliquant qu'ils formaient une famille pieusement musulmane. D'où les pressions exercées sur Mila elle-même, lorsqu'elle était passée chez Yann Barthès : « on » lui avait conseillé, explique-t-elle[1], juste avant d'entrer sur le plateau, de se dire désolée des réactions qu'elle avait induites, d'assurer qu'elle n'avait pas voulu offenser qui que ce soit, etc. Déclarations mollement réfutées par la chaîne du boboïsme bien-pensant.

Le fait est qu'une véritable police des mœurs s'est abattue sur la France et particulièrement sur son maillon le plus faible, l'École. On a abandonné l'enseignement à des professeurs d'ignorance : la nature ayant horreur du vide et les individus désespérant en l'absence de toute transcendance, les fanatismes les plus aberrants ont pris la place, dans les cervelles creuses, des savoirs rationnels qui auraient dû les remplir.

Cette police des mœurs, encouragée par les parents, auxquels on donne trop souvent le dernier mot et qui croient dur comme fer aux mensonges de leurs rejetons (voir sur ce sujet *Pas de vagues*, l'excellent film de Teddy Lussi-Modeste sorti en avril 2024), constatant qu'on s'abstient de la contrarier, s'est lancée dans des surenchères monstrueuses. Toute fille non voilée est une salope. Toute relation sentimentale hors mariage est une abomination. On attend, a précisé Mila, que

1. www.youtube.com/watch?v=Rae6rwJ-AxY.

les jeunes filles (parce que les garçons, eux, n'ont pas à se gêner, ils sont les guerriers de ce djihad scolaire, les lions sots de l'abomination pédagogique) soient musulmanes au-delà même des exigences du Coran. Le modèle saoudien modifié taliban afghan déferle sur notre pays.

Proviseurs et enseignants (trop souvent) font semblant de ne rien voir – en s'abstenant toutefois d'aborder en classe les sujets qui fâchent : hier c'était Darwin ou la Shoah, désormais c'est le conflit israélo-palestinien. En vérité, chers collègues, si un « Gaulois » proférait les énormités que les fanatiques musulmans osent émettre devant vous avec un sentiment d'impunité totale, vous le tanceriez sévèrement en le taxant de négationnisme. Mais quand un croyant ignare vous affirme que le Hamas est composé de petits saints, vous regardez de l'autre côté – quand vous ne l'encouragez pas.

La charia se diffuse ainsi sans difficulté. Le ramadan est imposé à des enfants non musulmans (« sinon, c'est que t'es islamophobe »), parler de « chiffres arabes » est raciste et dire à un élève qu'il écrit « comme un cochon » est un blasphème, pour le moins. Et, précise Mila, « on n'est pas capable d'identifier le fond du problème » – qui est l'islam lui-même. Intrinsèquement. « La laïcité est morte », continue la jeune fille. Les valeurs républicaines vont toutes à l'encontre de la charia, c'est elles qu'il faut renverser.

Quelle réponse des autorités ? Interdire les portables, faire signer une charte aux collégiens et à leurs parents… Efficacité nulle, parce que la religion musulmane permet de mentir pour protéger la religion – on appelle cela la *taqîya*. Et comme la religion, dans l'islam, couvre l'ensemble du réel, on peut mentir sans cesse.

Il faut sanctionner le moindre prosélytisme, le moindre propos antisémite, la moindre offense aux lois de la République. Sans complaisance ni pitié. Ce ne sont pas de « pauvres gosses », mais des soldats en mission.

Quant aux féministes, elles devraient s'insurger chaque fois qu'elles rencontrent une femme voilée. Mais elles se sont bien abstenues de soutenir Mila : après tout, l'égérie des Indigènes de la République, Houria Bouteldja, explique doctement qu'une femme noire ne doit pas dénoncer un violeur noir, au nom de la solidarité raciale et de l'intersectionnalité des luttes. Écoutez donc son dialogue hallucinant avec Thomas Guénolé dans l'émission « Ce soir ou jamais » sur France 2 en 2016[1].

Pour l'heure, Mila, qui rêve d'être un jour coach sportif, fait de la musculation, à la fois dans la perspective de son futur métier, pour garder le contrôle total de son corps, et parce qu'il faut se préparer à des combats réels. Les apprentis islamistes en font autant – c'est l'un des signaux faibles auxquels on reconnaît, d'après les documents officiels diffusés par

1. www.marianne.net/politique/indigenes-de-la-republique-thomas-guenole-demontre-le-racisme-la-misogynie-et-lhomophobie.

les rectorats, les adolescents en voie de radicalisation. Nous sommes aujourd'hui dans une guerre civile à bas bruit[1]. Attention demain au fracas des armes.

1. Florence Bergeaud-Blackler, docteur en anthropologie, chargée de recherche au CNRS, a publié en 2023 *Le Frérisme et ses réseaux, l'enquête*, aux éditions Odile Jacob. Elle évoquait dans *Le Figaro* du 9 mai 2024 la « guerre de basse intensité » que les réseaux fréristes mènent contre la France. C'est le même constat. Voir www.lefigaro.fr/vox/societe/florence-bergeaud-blackler-les-freres-musulmans-menent-une-guerre-de-basse-intensite-contre-la-france-20240509.

2

Mort d'un homme de bien

Je suis resté tétanisé devant l'assassinat de mon collègue d'Arras, Dominique Bernard, professeur de Lettres comme moi. Puis les massacres perpétrés par le Hamas en ont rajouté une couche. Nous vivons pile au moment de bascule d'une société mollement démocratique dans une domination théologique sanglante.

Processus d'un meurtre.

« On a parlé de nos élèves, mais pas seulement », a expliqué un ami de l'enseignant[1]. Sur ce sujet, le ton de Dominique Bernard, qui allait mourir assassiné quelques minutes plus tard par un ancien élève radicalisé de l'établissement, était « assez pessimiste ». Ils ont évoqué le fait qu'« il était de plus en plus difficile d'enseigner la littérature, lui au collège, moi au lycée » : « Il m'a parlé plusieurs fois ces dernières années de la

1. www.lefigaro.fr/actualite-france/l-ignorance-le-preoccupait-la-derniere-conversation-de-dominique-bernard-quelques-minutes-avant-de-mourir-dans-l-attaque-d-arras-20231017.

difficulté de transmettre. C'est ce qui le préoccupait », continuait le professeur. « Du manque de goût pour la culture, de l'ignorance. Et du manque d'attention en classe. On est tombés d'accord pour dire que c'était de pire en pire. » Avant de le quitter, Dominique Bernard a glissé à son collègue, pour conclure : « On court à la catastrophe. »

Cinq minutes plus tard, un islamiste tchétchène fiché S, sous obligation de quitter le territoire mais défendu bec et ongles par des associations qui ont, techniquement au moins, du sang sur les mains, par ailleurs ancien élève du lycée, tuait Dominique Bernard, selon la technique que ces illuminés utilisent avec les moutons de l'Aïd. Les médias n'ont pas insisté sur ce point, mais il est significatif. Ce n'était pas seulement un meurtre, c'était une immolation. « *Allah akbar !* »

Je voudrais revenir en détail sur ces *ultima verba* de Dominique Bernard. Parce que c'est le constat de tous les enseignants lucides – exception faite des idéologues auxquels on a confié la formation des maîtres et que je demande instamment aux gouvernements présents et à venir de neutraliser le plus rapidement possible.

Dans tout propos, il y a le dit et le non-dit. Le constat, c'est l'impossibilité, ressentie par nombre d'enseignants, de transmettre quoi que ce soit à des classes d'adolescents sans retenue, ensauvagés de surcroît par deux confinements aussi absurdes l'un que l'autre.

Le non-dit, c'est ce que l'assassin a explicité tout haut. Dans une vidéo de trente secondes enregistrée quelques minutes avant son passage à l'acte,

Mohammed Mogouchkov a expliqué ses motivations, qualifiant les Français de « peuple de mécréants ». « Vous m'avez appris ce que sont la démocratie et les droits de l'homme, et vous m'avez poussé vers l'enfer », poursuivait-il, avant de prêter allégeance à l'État islamique et d'apporter son soutien aux musulmans en Asie.

Puis le terroriste entre au lycée Gambetta, poignarde Dominique Bernard, professeur de français, avant de blesser grièvement un autre professeur et deux agents d'entretien. « Qui te donne l'air que tu respires ? Qui est le seul Dieu ? Appelle Marianne, appelle ta République », s'exclame alors Mohammed Mogouchkov, au moment de l'attaque.

Rappelons que ledit Mohammed n'en avait pas particulièrement après Dominique Bernard. Il cherchait « un prof d'histoire ». Pas quelqu'un de précis, juste cela : quelqu'un qui enseignait l'histoire.

Peut-être vous rappelez-vous l'attentat contre le musée du Bardo, en Tunisie, le 18 mars 2015. Vingt-quatre morts (y compris les deux terroristes) et quarante-cinq blessés. Dans l'analyse que j'avais faite à l'époque de l'événement, j'insistais sur la dimension symbolique d'un attentat dans un musée. L'Hégire, disais-je, ne marque pas un départ de l'Histoire, mais son abolition. Allah a le temps, il est le temps, et ses sectateurs aussi. Un temps cyclique, refermé sur lui-même comme un trou noir. L'islam nie le temps qui passe. « Il a brûlé la bibliothèque d'Alexandrie (70 millions de volumes, quand même) parce qu'il ne saurait y avoir qu'un seul

Livre, écrivais-je. Une seule voix. Un seul nom. Les nazis avaient décidé de construire à Linz le musée du Reich en y accumulant tout ce qu'ils pillaient ailleurs. Mais nos gens sont plus forts : du passé faisons table rase[1]… »

D'où l'idée qui a germé dans le crâne obtus de ce terroriste d'assassiner un prof d'histoire. Ça n'avait pas dû lui plaire, qu'on lui explique la Shoah…

Rappelons que dans le *Sahih Muslim*, l'un des six recueils de hadiths, paroles confirmées du Prophète, il est écrit : « L'Heure ne viendra pas jusqu'à ce que les musulmans combattent les juifs et que les musulmans les tuent ; jusqu'à ce que le juif se cache derrière un mur ou un arbre, et le mur ou l'arbre diront : "Ô musulman ! Ô serviteur d'Allah ! Voilà un juif derrière moi. Viens et tue-le !" »

Alors ils les tuent – au berceau si possible. Dans un four, au besoin, comme le 7 octobre 2023. Ils les violent et ils les tuent. Ils effacent l'Histoire et les sources et influences multiples du Coran. C'est une religion qui nie tout ce qui l'a précédée, puisqu'à en croire les fondamentalistes le Coran est « incréé » – alors que nous avons toutes les preuves qu'il est un texte composite[2] élaboré trois siècles avant que le calife Othmân n'en impose une version ultime. Le musulman réside dans un monde intemporel. C'est

1. www.causeur.fr/tunisie-musee-bardo-31932.
2. Voir l'interview de Claude Gilliot, agrégé d'arabe et éminent islamologue de l'université d'Aix-Marseille sur www.herodote.net/Comment_est_ne_le_texte_sacre_de_l_islam-synthese-1739-29.php.

l'une des raisons pour lesquelles l'islam n'est naturellement porté ni vers les sciences ni vers le savoir, qui supposent l'inscription dans le Temps.

Comptez les prix Nobel musulmans… et comptez les prix Nobel juifs. La judaïté est une culture, pas une impasse. En témoigne le nombre infini de juifs athées, de toutes origines nationales, et qui s'en portent fort bien, même s'ils respectent, surtout devant leur mère, certaines obligations rituelles.

L'athéisme est le premier pas dans le Temps. Rappelez-vous Max Weber et le « désenchantement du monde ». Animistes, polythéistes, monothéistes, athées : c'est cela, le progrès. Descartes, dès 1641, suggère dans les *Méditations métaphysiques* que par le mot « nature » il entend « Dieu ». Et trente ans plus tard, Spinoza affirme : « *Deus sive natura* », Dieu, c'est-à-dire la nature. Il a renversé les termes. En 1788, Schiller constate que la nature a définitivement perdu son caractère sacré. Il était temps, on allait couper la tête du dieu-roi. Et faire de la République la transcendance de substitution. Nietzsche enfin : « *Gott ist tot.* » « Dieu est mort. »

C'est cela, l'Occident. L'islam, c'est pile le contraire. Pas de Temps, pas d'Histoire. Juste la répétition des certitudes creuses d'un chamelier fou de soleil et ivre de carnage.

Les enseignants qui « respectent » les croyances et le fanatisme de leurs élèves sont responsables de ces têtes creuses dans lesquelles les imams, qui n'en demandaient pas tant, glissent des certitudes absurdes et létales. Refuser d'enseigner la république – voir l'apprentissage caricatural de la langue qu'est actuellement l'étude du français en primaire et dans le secondaire –, c'est offrir aux porteurs de contes absurdes une voie royale. La nature a horreur du vide que certains laissent dans les caboches des enfants et des adolescents. Quand l'enseignant ne fait plus son boulot, l'imam le remplace. Les vrais enseignants, comme Samuel Paty et Dominique Bernard, sont désormais minoritaires. Je ne vois pas d'autre raison aux atermoiements de mes collègues pour baptiser du nom du martyr de la République le collège de Conflans-Sainte-Honorine où il exerçait. La crainte des représailles fut plus forte que l'indignation.

3

« Raciste ! Islamophobe ! »

À la rentrée de septembre 2023, le proviseur du lycée Victor-Hugo, à Marseille, s'est retrouvé dans la tourmente. Pour avoir voulu interdire les abayas dont se parent ostensiblement nombre de ses élèves filles, il s'est retrouvé crucifié par une conjuration de lycéens, d'adjoints d'enseignement poussés par la CGT et autres belles consciences bien intentionnées.

La loi de 2004 avait cru bien faire en interdisant, dans les collèges et lycées, tout signe d'appartenance religieuse. C'était compter sans l'ambiguïté (ou l'hypocrisie, faites votre choix) de certains musulmans, qui jurent que tel vêtement – l'abaya, par exemple – est coutumier et non religieux. C'est le même type d'ambiguïté (en est-ce bien une ?) qui, en accolant aux mosquées une bibliothèque, prétend faire de l'ensemble un lieu culturel et non cultuel. Tout est dans la nuance…

Du coup, les chefs d'établissement marseillais (et ailleurs aussi) se retrouvent face à l'entrisme de fondamentalistes qui arrivent vêtu(e)s « comme là-bas » et affirment haut et fort que c'est leur droit. Barbara Lefebvre a écrit un livre entier[1] sur cette génération qui, arguant des « droits » octroyés par la loi Jospin en 1989, se dispense de tout devoir. Moyennant quoi, dès octobre 1989, commençait à Creil la première opération « voile islamique », que le ministre de l'époque n'a pas voulu enrayer à la source. Trente ans plus tard, ces sophismes pour fins de banquet socialistes nous reviennent en pleine figure.

Le lycée Victor-Hugo est situé dans un arrondissement difficile, aux portes de la Belle-de-Mai, l'un des quartiers les plus pauvres d'Europe, et cumule tous les handicaps que génèrent des établissements socialement et ethniquement unifiés. Comme dans d'autres lycées de Marseille, des élèves y ont donc testé les limites de la tolérance.

Le proviseur, Fabien Mairal, n'est pas connu, localement, pour son extrême habileté de communicant. Comme le raconte *La Provence*[2], qui relaie ces informations dans un grand esprit d'apaisement, cela va sans dire, il est arrivé, depuis janvier, à se mettre à dos les élèves, les assistants d'éducation (on disait « pions » autrefois) recrutés localement et une partie des professeurs, qui majoritairement choisissent la paix sociale et la reddition, plutôt que la laïcité pure et dure. Il a donc tenu, depuis le début de l'année scolaire, des propos « inadmissibles », selon ces mêmes AED qui l'ont enregistré

1. Barbara Lefebvre, *Génération « J'ai le droit ». La faillite de notre éducation*, Albin Michel, 2018.
2. Voir www.laprovence.com/article/region/73490757685644/soupcons-de-racisme-dans-un-lycee-de-marseille.

– c'est la manie aujourd'hui dans les établissements : on filme tout ce qui se passe, merci aux concepteurs de smartphones et à tous ceux qui dans l'enseignement les autorisent et même les réclament. Ces délateurs vertueux ont ainsi constitué un beau dossier qu'ils ont transmis à Médiapart, dont l'objectivité et la neutralité idéologique ne sont plus à démontrer. Qu'on en juge.

« Je suis tenu de faire respecter le texte, s'est expliqué Fabien Mairal. Je me dois de vous préparer au mieux à votre insertion professionnelle et sociale… Je ne veux pas que vous restiez à la maison avec dix gamins à faire le couscous, le tajine ou les samoussas. » Horreur ! Horreur ! Horreur ! Comment ? Un responsable de l'Éducation nationale prétend protéger ces jeunes filles contre elles-mêmes – et contre tous ceux qui les instrumentalisent !

Et encore, Fabien Mairal n'a pas insisté sur la misogynie extrême d'une religion qui ne garantit pas aux filles la même part d'héritage qu'à leurs frères, qui les marie de force, les oblige à se considérer, derrière leur voile, comme des provocatrices risquant d'entraîner les hommes, ces pures brebis, vers la damnation éternelle… « Dix gamins » : allusion probable à la fameuse phrase prêtée à Boumédiène qui, en avril 1974, aurait déclaré à la tribune de l'Onu : « Un jour, des millions d'hommes quitteront l'hémisphère Sud pour aller dans l'hémisphère Nord. Et ils n'iront pas là-bas en tant qu'amis. Parce qu'ils iront là-bas pour le conquérir. Et ils le conquerront avec leurs fils. Le ventre de nos femmes nous donnera la victoire. » Il est significatif que cette menace, maintes fois répétée par les fondamentalistes, soit en réalité une citation inventée[1] : on ne croit qu'à ce que l'on veut croire.

Une musulmane, à en croire les fondamentalistes, n'est donc qu'un utérus voilé. Belle promotion. Que des féministes, au nom de l'intersectionnalité des luttes, comme elles disent, défendent cette discrimination vestimentaire en dit long sur l'aveuglement idéologique des « chiennes de garde ». Les Iraniennes qui par miracle ont échappé à la dictature des mollahs sont sidérées de voir des femmes françaises approuver des vêtures qui ont pour fonction première de les stigmatiser.

« On est accusé d'être des diffamateurs », explique l'un de ces AED, Emmanuel Roux, suspendu par le rectorat – qui en l'occurrence n'a pas faibli face à la guérilla lancée par les fondamentalistes de l'abaya… « Mais avec les enregistrements la vérité est sortie… » Quelle vérité ? Que le quartier de la Belle-de-Mai, comme certains territoires anglais désormais, devrait être régie par la loi islamique ? Qu'il y a une loi à Paris, mais pas la même à Marseille ? Qu'il est indécent de révoquer des adultes (un professeur-documentaliste est également suspendu par le rectorat pour avoir tenu, lors d'un rassemblement le 8 mars 2024, une banderole sur laquelle était inscrit ce slogan délicat : « Lycée Victor-Hugo, balance ton proviseur, sexiste/raciste ») qui appuient de leur autorité des revendications communautaristes ?

1. Vérification sur www.youtube.com/watch?v=CEpZh1V_Rx4.

Ledit proviseur n'a jamais été sexiste, puisqu'il défend le droit des filles à un enseignement laïque qui tente de les émanciper de la tutelle religieuse. Il n'a jamais été raciste, puisqu'il s'oppose justement à des comportements en eux-mêmes discriminants. Une abaya n'est pas un accessoire de mode. Ce n'est pas une mini-jupe, c'est une déclaration de guerre : « Nous sommes chez nous. »

Que Pap Ndiaye, alors ministre de l'Éducation, ne se soit pas prononcé clairement par décret sur le fait que toute tenue suspecte de prosélytisme religieux est interdite choque le laïque que je suis. Mais je n'attendais rien, sur le plan de la laïcité, d'un homme qui avait remplacé les instances dirigeantes du Conseil des sages de la laïcité et installé à sa tête un universitaire, Alain Policar, connu pour avoir dénoncé, dans une tribune de 2019, ceux « qui font de la laïcité une arme contre la religion ». Sans compter que le nouveau Conseil ne pourrait plus s'autosaisir et n'agirait que sur saisine du ministre, qui n'était pas exactement un descendant en ligne droite du petit père Combes. Nicole Belloubet, qui l'a remplacé après l'intermède Attal, ne se réclamera pas non plus de l'héritage de ces radicaux qui ont construit l'École de la IIIe République.

Pensez : en 2023, la direction de Victor-Hugo surveillait le retrait des voiles islamiques à l'entrée du lycée – parce qu'en fait ces jeunes filles arrivent voilées et tentent de faire quelques mètres pour gagner un peu plus de territoire : c'est « un-deux-trois soleil » appliqué à la conquête de l'espace français. Cette attitude de la direction vise, selon l'enseignante-documentaliste suspendue (avec traitement quand même), à « cliver les profs » et à « chercher le dérapage ».

Et s'il s'agissait juste de faire respecter la loi ? Où est le dérapage ? N'est-il pas dans la volonté obstinée des islamistes et de leurs amis de faire entrer le culte dans un lieu de culture ? On en revient à la fusion opérée dans les mosquées – et à la volonté de constituer toutes les institutions républicaines en postes avancés de la conquête. Que des syndicats (Sud et la CGT, pour ne pas les nommer) accusent à leur tour le proviseur de « tenir des propos humiliants » pour ces jeunes filles manipulées et d'« insulter » la laïcité n'est pas bien honorable : c'est juste une façon de recruter large, n'est-ce pas…

Il faudrait inciter ces gauchistes vertueux à réviser les classiques du marxisme, à la rubrique « aliénation ». Les jeunes filles voilées croient qu'il est de leur devoir d'être soumises. Et l'éducation vise à faire sauter, justement, toutes les contraintes, toutes les servitudes volontaires qui oblitèrent le jugement. Respecter une aliénation, accuser de racisme ceux qui s'insurgent contre le fanatisme, c'est accabler encore celles que l'on prétend défendre. Et ces gens sont encore membres de l'Éduc-nat ?

L'islamogauchisme se porte bien à Marseille – et ailleurs. Sous prétexte de conflits administratifs, c'est toute une idéologie que l'on fait avancer, pion après pion, mètre après mètre. Après les petits pas, les grandes enjambées.

4

État des lieux

« Enseignement de l'ignorance », disait dès 1999 Jean-Claude Michéa – homme de gauche s'il en fut, mais lucide, donc excommunié par les « nouveaux penseurs ». Tout comme je l'ai été moi-même, et pas mal d'autres : nous vivons un moment orwellien où l'ignorance c'est la force, où la liberté c'est l'esclavage. La liste des intellectuels suspectés d'être d'extrême droite s'allonge chaque jour, tandis que celle des penseurs de gauche – manifestement un oxymore, par les temps qui courent – s'étiole parallèlement. La gauche n'a plus besoin d'intellectuels : là aussi, on assiste à une inversion de la doxa du siècle précédent. Après tout, les « chiennes de garde » actuelles tiennent en haute suspicion Simone de Beauvoir et les féministes historiques comme Irène Théry ou Marie-Jo Bonnet, sous des prétextes insensés – parce qu'elles ne pratiquent pas l'écriture inclusive et persistent à affirmer qu'une enfant née XX est une fille.

Je ne répéterai pas ce que j'ai expliqué dans les deux « époques » de *La Fabrique du crétin*[1]. Dans les cervelles désormais laissées en jachère par les idéologues de la pédagogie se sont glissées sans encombre les superstitions les plus ridicules et les plus mortifères. Le fanatisme est l'enfant légitime de l'ignorance.

L'islam n'est pas la seule croyance létale à s'insinuer dans la psyché de malheureux gosses auxquels on n'apprend plus rien. Et surtout pas ce qui pourrait les détacher des idées létales reçues chez eux, dans leurs quartiers, dans leurs « communautés » – le mot a émergé au fur et à mesure que l'École renonçait à l'universalisme républicain. La loi Jospin, en juillet 1989, leur garantissait le droit inouï à la parole sans filtre : ils se sont hâtés d'en profiter, et la première affaire de voile remonte à octobre de la même année. « Et qu'est-ce que vous voulez que cela me fasse que la France s'islamise[2] ? », lança alors le ministre de l'Éducation, futur Premier ministre, futur candidat à la présidence, et en dépit du fait que son épouse, la philosophe Sylviane Agacinski[3], s'était déjà mobilisée contre l'islamisme.

1. Le premier jet remonte à 2005. Le second, qui le complète, date de 2022. Entre les deux, non seulement le système scolaire a continué à se déliter, mais la mise en place des « compétences » en lieu et place des savoirs, sur injonction européenne lors du Protocole de Lisbonne (2000), a annihilé toute possibilité de revenir à une transmission sereinement verticale. Dans la fabrication du crétin, on est passé du stade artisanal au stade industriel.
2. Propos de Lionel Jospin en 1989, rapporté par Élisabeth Schemla, *Islam, l'épreuve française*, Plon, 2013.
3. Dans son livre *Face à une guerre sainte* (Seuil, 2022), Sylviane Agacinski estime elle aussi que « le voile est le drapeau des islamistes ». Que des extrémistes de la PMA/GPA l'aient empêchée de s'exprimer à l'université de

Il n'est pas mauvais qu'il ait été blackboulé en 2002 par des électeurs conscients du péril qu'il représentait. Mais il était déjà dépassé sur sa gauche par plus collaborationniste que lui…

Avec les convictions religieuses absurdes se sont faufilées les idées tout aussi mortifères du wokisme. L'intersectionnalité des luttes, qui suppose par exemple qu'une femme violée par un musulman ne doit pas porter plainte sous peine de passer pour raciste, ou qui établit un double standard féministe – le voile c'est mal en Iran, mais c'est bien ici, ce qui stupéfie les femmes libres échappées par miracle à la main de fer des mollahs – a irrévocablement lié les superstitions religieuses aux délires New Age.

Il n'est qu'à voir comment, dans nos universités, des sentiments antisémites s'expriment ouvertement, sous prétexte de défendre les criminels du Hamas. Il faut constater que la papesse des *gender studies*, Judith Butler, s'est lancée en France dans une apologie du Hamas après les massacres du 7 octobre – applaudie par tous les gogos transgenres qui votent LFI, le parti qui, pour draguer les nouveaux damnés de la terre, ne parvient pas à dénoncer la barbarie islamiste. Que La France insoumise ait refusé de qualifier les horreurs du 7 octobre 2023 de crime contre l'Humanité, afin de se concilier les bonnes grâces de fanatiques qui se débarrasseront des islamogauchistes dès qu'ils en auront l'occasion, en dit

Bordeaux en 2019 montre assez la collusion de fait entre wokisme et islamisme. J'y reviendrai plus loin.

long sur l'entrisme religieux chez des militants dont les convictions premières étaient antireligieuses. Mais tout le monde sait bien que si le christianisme générateur de croisades il y a dix siècles, c'est mal, l'islam producteur de massacres hier comme aujourd'hui, c'est bien. L'intersectionnalité pratique le double standard avec habileté, stipulant que la traite transatlantique fut horrible car menée par des Blancs, et la traite transafricaine, bien plus grave en intensité et en durée, fut négligeable, car encadrée par des Noirs et des Arabes.

La nature a horreur du vide. Ces aberrations abominables se sont introduites dans les cerveaux des jeunes parce qu'on n'y avait pas installé préalablement les notions élémentaires les plus solides : une langue exigeante et non le brouillamini postillonné par les banlieues ; des certitudes scientifiques cohérentes et en perpétuel devenir, ce qui distingue la science de la foi – je doute donc je suis ; une culture « bourgeoise » (il n'y en a pas d'autre tant que la bourgeoisie est au pouvoir, disait très justement Karl Marx) qui donne aux plus démunis les bases et la condition de leurs réussites futures, aujourd'hui déniées par les pédagogies du désespoir ; et des habitudes de travail, de discipline, d'obéissance, gages de leurs futurs succès, au lieu du laisser-faire et du laisser-dire qui leur garantissent de splendides échecs.

Si les progrès du wokisme sont irréguliers, dans la mesure où nous manquons, en France, du fond puritain anglo-saxon dont ces « éveillés » sont les héritiers, ceux de l'islam suivent une trajectoire rectiligne, parce qu'ils sont les petits pas d'une stratégie pensée par des hommes – essentiellement issus de la mouvance des Frères musulmans – qui ont fait de la politique du cheval de Troie l'essentiel de leur stratégie. Deux voiles, ce n'est rien, c'est anecdotique, ce pourrait être des touristes yéménites ; trois millions, c'est une tache sur la République et sur la liberté des femmes. Il ne s'agit plus de tolérer, il faut désormais combattre. Toute reculade sera interprétée par les extrémistes, toujours, comme une invitation à aller plus vite et plus avant.

Dans ce conflit, l'École est un pivot central. Si la bataille ouverte dans l'Éducation n'est pas gagnée, c'est une civilisation entière qui sera perdue. Accepter, c'est mourir. Ceux qui le nient sont tout simplement complices d'un anéantissement programmé.

Ce livre analyse les conditions modernes du conflit général qui vient. À laisser les cerveaux inoccupés, on donne aux prêcheurs de haine l'occasion d'avancer leurs pions – un voile ici, une abaya là. On autorise les fantaisistes de la théorie du genre (« *You'll be a transgender, my son* », écrirait aujourd'hui Rudyard Kipling) à venir dans les écoles inciter des enfants fragiles à s'interroger sur leur vrai sexe, déniant à la dichotomie XX/XY toute validité. On fait croire à des gamines que changer de prénom et se soumettre à des traitements hormonaux mutilants, voire à des opérations chirurgicales définitives, est une réponse viable aux interrogations normales de l'adolescence. Et on encourage ce djihad du pauvre qui fait que des gamins se pointent en cours armés et se croient les maîtres du monde en menaçant leurs professeurs.

Hésitez et ils les assassineront pour de bon.

5

Offensive islamique et occasions perdues

Avant de fracturer une entrée pour faire un cambriolage, vous commencez par analyser le site de votre effraction, afin de repérer les interstices qui vous permettront d'insérer le pied-de-biche avec lequel vous forcerez la porte. C'est rarement le battant lui-même : vous aurez plus de chance en jouant sur les fentes du chambranle, sur les ouvertures ménagées là où le bois a joué, où le plâtre est plus fragile. Sur la marge du chambranle.

L'islamisme a fait de même avec la laïcité. Certains politiques ont laissé des jours dans la forteresse École. C'est par là qu'ils ont installé le dispositif de siège, puis d'invasion.

Quatre jours avant le bicentenaire de la Révolution – les amateurs de symboles y verront un signe –, Lionel Jospin, ministre de l'Éducation, promulguait la loi d'orientation sur l'éducation n° 89-486 du

10 juillet 1989, désormais connue sous le sobriquet de « loi Jospin ». C'est là (article 3) qu'est coulé dans le bronze l'objectif de « 80 % d'une classe d'âge au niveau du baccalauréat » : la surnotation, l'inflation des mentions et la dévaluation finale du diplôme découlent de cette disposition. Là aussi (article 10) qu'il est précisé que, « dans les collèges et les lycées, les élèves disposent, dans le respect du pluralisme et du principe de neutralité, de la liberté d'information et de la liberté d'expression ». Le rectificatif qui suit (« L'exercice de ces libertés ne peut porter atteinte aux activités d'enseignement ») est de pure forme.

Deux mois plus tard – le temps de choisir la bonne fissure pour forcer l'entrée –, le 18 septembre 1989, Ernest Chenière, principal du collège de Creil, dans l'Oise, exclut trois jeunes filles qui s'étaient présentées voilées à l'entrée. « Notre objectif, explique-t-il dans *L'Humanité*, est de limiter l'extériorisation excessive de toute appartenance religieuse ou culturelle. Je vous prie de leur donner la consigne de respecter le caractère laïc de notre établissement. »

Malek Boutih, alors vice-président de SOS Racisme (organisation créée en 1984, bras armé de la subversion islamique), trouve « scandaleux que l'on puisse, au nom de la laïcité, intervenir ainsi dans la vie privée des gens, malmener les convictions personnelles[1] ». Dans *L'Humanité* du 6 octobre 1989, il critique la « volonté de mettre l'islam au ghetto, les relents de racisme, la

1. *Le Monde*, 7 octobre 1989.

démission éducative ». Et d'ajouter que SOS Racisme demandera la réintégration des trois élèves : « En aucun cas, une sanction ne peut être infligée à des élèves en vertu de leur foi. » Michel Rocard, alors Premier ministre, est sur la même ligne.

Je dois à la vérité de préciser qu'en 2015, dans une interview au quotidien *Ouest-France*, ce même Malek Boutih, ayant fini par réfléchir, déclarera : « On a fait une faute en 1989, au moment de l'affaire du voile [à Creil]. Nous aurions dû être dans le camp de ceux qui étaient implacables. » Un peu tard, ma foi…

Comme l'a rappelé Yohan Blavignat dans *Le Figaro* le 27 juillet 2018 (on mesurera l'écart temporel entre l'agression islamique et la réaction républicaine), « en quelques jours, et contre toute attente, ce bout de tissu dont personne ne parlait jusque-là est au centre de tous les débats, des journaux télévisés aux différents quotidiens et magazines nationaux, en passant par des passes d'armes entre intellectuels et politiques. Des dizaines de journalistes sont envoyés devant les grilles de ce collège de banlieue parisienne pour rapporter images et témoignages des adolescentes. »

Et d'ajouter : « Dans un article du 9 octobre intitulé "Les tchadors de la discorde", l'envoyé spécial du *Figaro* relate les propos tenus par les jeunes femmes au cours d'un entretien dans le bureau du principal : "Nous sommes des folles d'Allah, nous n'enlèverons jamais notre foulard, nous le garderons jusqu'à notre mort." » Les mots même de cette nouvelle employée de Geox à Strasbourg qui, en avril 2024, s'est fait renvoyer par le gérant du magasin et a immédiatement pris à témoin, sur TikTok, l'ensemble de ses coreligionnaires : « La police *haram* de TikTok est sur mon dos tout le temps. Je vais pas changer de comportement en un claquement de doigts, ça va prendre du temps mais je vais être sur la bonne voie, c'est ça l'essentiel. »

Vous avez bien lu : « ce bout de tissu dont personne ne parlait jusque-là ». Pour avoir passé mon enfance et mon adolescence à Marseille, ville où vivaient déjà nombre d'immigrés, je n'ai pas souvenir d'avoir vu un seul voile islamique dans les rues. Ni aucun rayon hallal dans les supermarchés. L'offensive date de la fin des années 1980. En une trentaine d'années, le voile s'est répandu partout – sur ordre.

Dès le 24 octobre 1989, Guy Coq, membre du comité de rédaction de la revue *Esprit*, fondée par Emmanuel Mounier, pousse un premier cri d'alarme dans les colonnes du *Monde*. Il réfute l'argument de la différence culturelle à respecter. C'est le maintien même de la tolérance qui « périrait si les diverses communautés religieuses entraient en compétition pour s'emparer de l'espace laïque de l'école pour en briser l'unité, pour y manifester non pas l'esprit d'accueil pour chaque individu en lui-même, comme simple humain, mais le signe de la clôture de chaque communauté contre les autres ».

Danielle Mitterrand intervient alors dans le débat pour défendre le respect des traditions – après tout, elle a bien défendu aussi le droit à la polygamie et à l'excision, au nom du même respect… de la barbarie.

Marie-Claire Mendès France, présidente de l'Institut Mendès France, l'accuse de faire le lit de la « charia musulmane ».

Au milieu de ce capharnaüm, le Conseil d'État est saisi par Lionel Jospin pour trancher la question. Oui, le ministre de l'Éducation, qui aurait pu griffonner et signer un décret en deux minutes, s'est défaussé sur le Conseil d'État[1]. En novembre 1989, la plus haute juridiction administrative affirme que tant qu'elle ne constitue pas « un acte de pression, de provocation, de prosélytisme ou de propagande », tant qu'elle ne perturbe pas le déroulement des activités, l'expression des convictions religieuses ne peut être interdite à l'école. Les enseignants reçoivent une directive en décembre : à eux de décider s'ils acceptent ou non le voile en classe.

En 1994, la circulaire Bayrou opère une distinction entre symboles « discrets » pouvant être portés en classe et symboles « ostentatoires ». Cette distinction alimentera la réflexion de la commission Stasi pour écrire la loi de 2004.

Les vrais laïcs s'étaient pourtant exprimés très vite. Le 2 novembre 1989, Élisabeth Badinter, Régis Debray, Alain Finkielkraut, Élisabeth de Fontenay et Catherine Kintzler, toutes et tous personnalités

1. Lionel Jospin a lui-même déclaré, dans un entretien paru dans *Le Nouvel Observateur* du 26 octobre 1989, comme dans une intervention faite la veille devant l'Assemblée nationale, que les chefs d'établissement devaient « établir un dialogue avec les parents et les enfants concernés pour les convaincre de renoncer à ces manifestations » (le port de signes religieux), mais que si ces discussions échouaient, « l'enfant – dont la scolarité est prioritaire – doit être accueilli dans l'établissement public ».

de gauche indubitables[1], publient dans *Le Nouvel Observateur* un texte parfaitement clair. Sous la forme d'une lettre à Lionel Jospin, toujours ministre et fier de lui, ils précisent – et je me permettrai de citer ce texte essentiel en entier, tant il est fondamental :

« Monsieur le ministre,

« L'avenir dira si l'année du Bicentenaire aura vu le Munich de l'École républicaine. Il est bon, dites-vous, d'apaiser les esprits sans faire le jeu des fanatiques. Vous auriez sauvé la paix scolaire et la paix sociale, moyennant quelques concessions de détail. Et vous seriez, bien entendu, intraitable sur l'essentiel…

« Vous dites, Monsieur le ministre, qu'il est exclu d'exclure. Bien que touchés par votre gentillesse, nous vous répondons avec Mohammed Harbi qu'il est permis d'interdire. Une exclusion n'est discriminatoire que lorsqu'elle vise celui ou celle qui a respecté les règles en vigueur dans un établissement. Lorsqu'elle touche l'élève qui a enfreint les règles en vigueur, elle est disciplinaire. La confusion actuelle entre discipline et discrimination ruine la discipline. Et s'il n'y a plus de discipline possible, comment enseigner les disciplines ? Si l'on n'applique la loi qu'à ceux qui veulent bien s'y soumettre, comment un professeur peut-il exercer son métier ?

1. Mais aujourd'hui classées à droite, voire à l'extrême droite, comme je le suis moi-même, par les islamo-gauchistes qui prétendent représenter toute la gauche à eux seuls : le système orwellien s'est mis en place, avec ses inversions typiques des valeurs. Plus que jamais, l'Ignorance, c'est la Force, et la Liberté, c'est l'Esclavage.

« Négocier, comme vous le faites, en annonçant que l'on va céder, cela porte un nom : capituler. Une telle "diplomatie" ne fait qu'enhardir ceux-là mêmes qu'elle se propose d'amadouer – et s'ils demandent demain que l'étude des Rushdie (Spinoza, Voltaire, Baudelaire, Rimbaud...) qui encombrent notre enseignement soit épargnée à leurs enfants, comment le leur refuser ? Par l'exclusion ?

« N'avez-vous pas désavoué l'autorité des professeurs et des chefs d'établissement en donnant l'impression que vous identifiez automatiquement l'exclusion au racisme ?

« Il faut que les élèves aient le plaisir d'oublier leur communauté d'origine et de penser à autre chose que ce qu'ils sont pour pouvoir penser par eux-mêmes. Si l'on veut que les professeurs puissent les y aider, et l'école rester ce qu'elle est – un lieu d'émancipation –, les appartenances ne doivent pas faire la loi à l'école.

« En dérogeant à ce principe fondateur, vous ne revalorisez pas, comme vous vous en faites gloire, la condition enseignante : vous rendez la vie déjà difficile de ceux qu'on a hélas ! cessé d'appeler les instituteurs et les professeurs plus impossible encore, et vous trahissez la mission de l'école.

« Le droit à la différence qui vous est si cher n'est une liberté que si elle est assortie du droit d'être différent de sa différence. Dans le cas contraire, c'est un piège, voire un esclavage.

« Ce n'est pas, Monsieur le ministre, en réunissant dans le même lieu un petit catholique, un petit musulman, un petit juif que se construit l'école laïque. L'école s'efforce d'installer un espace où l'autorité se fonde sur la raison et sur l'expérience : cela est accessible à tous. À ce titre, et parce qu'elle s'adresse à tous, l'école n'admet aucun signe distinctif marquant délibérément et *a priori* l'appartenance de ceux qu'elle accueille. Elle ne peut admettre non plus quelque dérogation que ce soit aux programmes ou à l'emploi du temps. Le respect des traditions ne la concerne pas : ne sont respectables que les traditions et les différences qui ne contrarient ni les droits de l'homme, ni le principe du libre examen. Or, en affirmant une croyance comme étant au-dessus de tous, en affirmant une distinction de nature entre les êtres humains, le foulard islamique contredit les deux principes.

« "Accueillir tous les enfants", dites-vous. Oui. Mais cela n'a jamais signifié faire entrer à l'école, avec eux, la religion de leurs parents, telle quelle. Tolérer le foulard islamique, ce n'est pas accueillir un être libre (en l'occurrence une jeune fille), c'est ouvrir la porte à ceux qui ont décidé, une fois pour toutes et sans discussion, de lui faire plier l'échine. Au lieu d'offrir à cette jeune fille un espace de liberté, vous lui signifiez qu'il n'y a pas de différence entre l'école et la maison de son père.

« En autorisant *de facto* le foulard islamique, symbole de la soumission féminine, vous donnez un blanc-seing aux pères et aux frères, c'est-à-dire au patriarcat le plus dur de la planète. En dernier ressort, ce n'est plus le respect de l'égalité des sexes et du libre arbitre qui fait loi en France.

« D'une seule phrase, vous avez désarmé ces milliers de jeunes musulmanes qui se battent ici et là pour leur dignité et leur liberté. Leur plus sûr allié contre l'autoritarisme des pères était l'école laïque et républicaine. Aujourd'hui, elles l'ont perdu. Vous avez fait un marché de dupes, Monsieur le ministre, en échangeant la libération et l'intégration, certaines et constatables, des jeunes filles musulmanes contre l'espoir hypothétique d'un retour à la tolérance des intégristes, par définition ennemis de la tolérance.

« Les partisans de la "nouvelle laïcité", au rang desquels vous vous placez, prônent une tolérance indistincte. Ils veulent une école ouverte aux pressions communautaires, religieuses, économiques, une école où chaque professeur est tenu de se plier à l'environnement social, une école où chaque élève est constamment rendu à ses parents, rappelé à sa condition, rivé à ses "racines" : c'est une école de la prédestination sociale. D'un même mouvement, elle s'offre au monde de l'entreprise et aux dignitaires religieux : c'est une école à vendre, une école asservie à la loi du milieu et aux particularismes extérieurs. Dans notre société, l'école est la seule institution qui soit dévolue à l'universel. C'est pourquoi les femmes et les hommes libres ne sont pas prêts à transiger sur son indépendance de principe, perpétuellement menacée par les pouvoirs de fait, économiques, idéologiques ou religieux.

« Neutralité n'est pas passivité, ni liberté simple tolérance. La laïcité a toujours été un rapport de force.

Est-ce au moment où les religions sont de nouveau en appétit de combat qu'il faut abandonner ce que vous appelez la "laïcité de combat" au profit des bons sentiments ? La laïcité est et demeure par principe une bataille, comme le sont l'école publique, la République et la liberté elle-même. Leur survie nous impose à tous une discipline, des sacrifices et un peu de courage. Personne, nulle part, ne défend la citoyenneté en baissant les bras avec bienveillance.

« La figure française de la démocratie a pour nom République. Ce n'est pas une mosaïque de ghettos où la liberté pour tous peut venir habiller la loi du plus fort. Vouée au libre examen, liée à l'essor des connaissances et confiante dans la seule lumière naturelle des hommes, la République a pour fondement l'École. C'est pourquoi la destruction de l'École précipiterait celle de la République.

« Nous avons l'honneur, Monsieur le ministre, de vous informer que ce sont les élèves que nous continuerons d'accueillir, et non la religion de leurs parents. Vous comprendrez donc que nous appelions nos collègues des enseignements primaire, secondaire et supérieur à manifester leur accord avec ce texte. Et vous aurez aussi compris, Monsieur le ministre, que c'est un sentiment d'amitié républicaine qui nous a incités à vous écrire librement : la République est la chose de tous. »

J'ai tenu à citer cette lettre ouverte *in extenso* pour faire honte à ceux qui, à gauche, tortillent des fesses en opposant la liberté de conscience, donc de culte, et le devoir d'obéir aux lois de la République. Ce qu'il me reste d'amis à gauche y retrouveront l'état de ma pensée – et la leur. Les gens qui pensent différemment sont, au pied de la lettre, des fascistes – ou pire, des *dhimmis*, ces soumis de la religion musulmane payant l'impôt pour avoir le droit d'exister – mais en courbant la tête.

De 1994 à 2003, une centaine de jeunes filles seront expulsées de leur école pour port du voile. La moitié de ces expulsions seront annulées par les tribunaux, lesdites donzelles ayant toujours trouvé avocats et subsides pour aller plaider leur cause, parfois jusqu'à Bruxelles.

En 2002, Georges Bensoussan, Iannis Roder, Barbara Lefebvre, Sophie Ferhadjian, qui n'avaient aucune sympathie pour la droite extrême, publient sous le pseudonyme collectif d'Emmanuel Brenner *Les Territoires perdus de la République*, première étude d'ensemble de la ghettoïsation et de la communautarisation de ce que l'on va appeler les « banlieues ». Le sous-titre (« Antisémitisme, racisme et sexisme en milieu scolaire ») est parfaitement clair. Un livre « capital », dira Alain Finkielkraut[1].

C'est à partir de ce livre que la droite traditionnelle et conservatrice (à commencer par Philippe de Villiers) s'intéresse au phénomène, renversant en quelque sorte son logiciel : voici que des catholiques traditionalistes bon teint défendent la laïcité tant honnie par les milieux

1. Atlantico, 24 novembre 2013.

conservateurs depuis la loi de 1905. L'inversion des tendances, la gauche devenant islamo-compatible, la droite enfourchant la laïcité, se manifeste pleinement.

La nécessité d'une loi apparaît à tout le monde. La commission Stasi accouche, le 15 mars 2004, de la loi sur les signes religieux dans les écoles publiques françaises. Les signaux « faibles » (petites croix, étoiles de David, main de Fatma – encore que ce ne soit pas un symbole islamique) sont autorisés. Les signaux forts (grandes croix, kippa, voile islamique) sont interdits.

Bien sûr, c'est une fausse coupe : qu'en est-il de l'enseignement supérieur, où les voiles, voire les burqas[1], ont envahi l'espace ? Qu'en est-il des administrations publiques – par exemple les hôpitaux, où nombre d'hommes musulmans escortent leur épouse voilée et interdisent, parfois par la force, qu'un médecin s'en approche ? Quelqu'un veut-il bien se rappeler que Hayat Boumedienne, la compagne d'Amedy Coulibaly, l'un des tueurs de l'Hyper Cacher de Vincennes, portait un voile intégral ?

L'inspecteur général Jean-Pierre Obin, qui enquêtait parallèlement sur l'entrisme religieux à l'école, remet en juin 2004 son rapport au gouvernement[2]. François Fillon, qui a succédé à Luc Ferry rue de

1. L'épidémie de Covid, en imposant le port d'un masque, a merveilleusement servi les jusqu'au-boutistes de l'islam, qui persistent à porter un masque afin de compléter, sans que l'on puisse le leur reprocher, leur tenue saoudienne.

2. Jean-Pierre Obin est revenu sur cette progression du fanatisme à l'école dans *Comment on a laissé l'islamisme pénétrer l'École* (Hermann, 2020) et dans *Les profs ont peur. École et laïcité, le grand renoncement* (Éditions de

Grenelle, enterre ce rapport avec maestria : surtout, ne pas stigmatiser des gens qui rêvent de conquérir la France. Il faudra attendre septembre 2006 pour que, sous l'impulsion d'Alain Seksig et Paul-François Paoli, il soit édité avec les commentaires d'une vingtaine de spécialistes, dont moi-même. Je venais de publier *Une école sous influence, ou Tartuffe roi*, « première époque » du présent essai. J'ai remis le couvert, puisque personne ne semblait écouter, dans deux essais parus dans la décennie suivante, *Liberté, Égalité, Laïcité* (Hugo Doc, 2015) et, la même année, *Voltaire ou le Jihad* (L'Archipel). Deux cris jetés dans le vide intersidéral du déni politique.

Entendons-nous bien : cette politique d'agression n'est pas le fait de la majorité des musulmans, qui aspirent à vivre en paix avec les lois de la République. Elle est guidée, à travers les prêches des mosquées et surtout, depuis quinze ans, via les réseaux sociaux laissés imprudemment sans surveillance par le pouvoir politique, par les Frères musulmans qui, chassés d'Égypte, leur nid originel, par la politique intelligente du maréchal Sissi, se sont répandus dans le monde occidental. Pendant que Daech tentait par les armes de reconstituer le califat légendaire, les Frères ont investi le champ idéologique. Les deux mâchoires de la tenaille.

C'est dire si face à l'entrisme de l'islamisme, les réactions ont été nombreuses. Médiatisées parfois,

l'Observatoire, 2023). C'est peu après la parution de ce dernier livre que Dominique Bernard, professeur de lettres, a été assassiné à Arras.

elles n'ont pas eu d'écho au niveau gouvernemental. La propagande islamo-gauchiste a eu tôt fait de rejeter dans l'ornière d'un prétendu extrémisme de droite les consciences républicaines qui ont vu monter le péril, l'ont dénoncé et n'ont pas été écoutées. Alors, après l'arme des voiles, sont arrivées les armes d'acier – seconde mâchoire.

Rappel des faits essentiels.

2012 : tueries à Toulouse perpétrées par Mohamed Merah. Trois militaires tués, un père de famille tué avec ses deux petits garçons ainsi qu'une petite fille dans la cour d'une école juive, parce qu'ils étaient présumés juifs.

22 décembre 2014 : à Nantes, un certain Sébastien Sarron attaque à la voiture-bélier en criant « *Allahu akbar !* ». Un homme est tué. Le ministre de l'Intérieur du gouvernement PS, Bernard Cazeneuve, assure qu'il s'agit d'un déséquilibré sans motivation religieuse, ce qui fait sourire la presse anglophone. Ce sera l'excuse systématique à chaque nouvel attentat, toujours imputé à un « déséquilibré ». Qu'ils soient dingues ne les empêche pas d'être des terroristes.

7 janvier 2015 : dix-sept personnes sont tuées à *Charlie-Hebdo* et dans une supérette cacher porte de Vincennes.

19 avril 2015 : meurtre d'Aurélie Châtelain par Sid Ahmed Ghlam.

26 juin 2015 : un homme est décapité à Saint-Quentin Fallavier.

13 novembre 2015 : attentats du Stade de France, du Bataclan et des bistrots du XIe arrondissement, cent trente et un morts, quatre cent treize blessés[1].

13 juin 2016 : double meurtre à Magnanville d'un commandant de police et de sa compagne – assassinats revendiqués par l'État islamique.

14 juillet 2016 : à Nice, Mohamed Lahouaiej-Bouhlel tue quatre-vingt-six personnes et en blesse quatre cent cinquante-huit.

26 juillet 2016 : assassinat du père Hamel dans son église de Saint-Étienne-du-Rouvray.

Puis ça s'accélère[2]...

Que de temps perdu ! Pendant ce temps, partout, l'armée ennemie poussait ses pions et conquérait de nouveaux territoires. Aujourd'hui, l'ensemble de la France est gangrené par un djihad silencieux qui s'appuie sur le désastre pédagogique qui a commencé avant même la loi Jospin pour conquérir chaque jour de nouveaux espaces.

Le 2 avril 2016, Élisabeth Badinter donnait au *Monde* une interview éclairante pour expliquer qu'« une partie de la gauche a baissé la garde devant le communautarisme ». Elle y explique comment le relativisme culturel

1. Il est significatif que dans *Novembre* (2022), le réalisateur Cédric Jimenez ait cru bon de faire jouer par une actrice voilée l'informatrice qui a permis de localiser le djihadiste Abdelhamid Abaaoud, chef de file des terroristes du 13 novembre, alors que le personnage réel n'a jamais porté de voile, ce qu'elle n'a pas manqué d'expliquer aux médias.

2. Voir le détail sur https://fr.wikipedia.org/wiki/Liste_d%27attentats_islamistes_en_France.

a empêché de voir l'inquiétante montée de l'islamisme radical en France, et déclare notamment :

« Au début des années 1980, j'ai vivement critiqué la défense du droit à l'excision et à la polygamie sur le sol français par Danielle Mitterrand. Pour l'épouse du président, cette permission était le signe d'une tolérance supplémentaire, voire d'un progrès de la démocratie : nous sommes capables de respecter croyances et traditions des autres cultures. Une partie de la gauche a baissé la garde devant les souffrances des victimes de ces pratiques. Mais à ce moment-là, la majorité des féministes trouvait aberrant que l'on puisse accepter d'exciser des petites filles.

« Malgré notre appel, c'est cette gauche "tolérante" au gouvernement qui emporte la partie. Certains le regrettent aujourd'hui. Car la "tolérance" s'est retournée contre celles que l'on croyait aider. 1989 est un tournant, incontestablement. Mais un autre basculement s'opère dès 1991, celui de la guerre civile algérienne, lors de laquelle le Front islamique du salut s'affronte au gouvernement algérien, qui contient les prémices de la dérive actuelle. Les féministes venues d'Algérie ou d'Iran n'ont pourtant pas cessé de nous avertir : "Vous ne voyez pas que ce qui se passe chez nous va arriver chez vous ?" En l'espace de dix ans, de nombreuses filles des quartiers se sont mises à porter le voile en France. Révélation divine ? Non, montée de la pression islamique. Seule la loi peut protéger celles qui le portent sous cette pression. Or, lorsqu'on les soutient, on est considéré comme "islamophobe".

« Être traité d'islamophobe est un opprobre, une arme que les islamo-gauchistes ont offerte aux extrémistes. Taxer d'islamophobie ceux qui ont le courage de dire : "Nous voulons que les lois de la République s'appliquent à tous et d'abord à toutes" est une infamie. Pour ma part, je persiste et je signe. Les islamo-gauchistes sont certes une minorité, mais influente et largement relayée par des grands médias et journalistes de gauche qui, par là même, se coupent du pays réel.

« Et l'Éducation nationale s'est affaissée, sous le coup des idéologues qui, là encore et toujours au nom de la différence culturelle et de la tolérance, ont enfermé ces jeunes dans leur ghetto. Le bac ne vaut plus rien. L'université est en crise. Et certains intellectuels voudraient en profiter pour supprimer les grandes écoles… Or je crois en l'élite républicaine, même si ce mot est devenu obscène. Sans élite, il n'y a pas de République qui vaille. »

Des propos que je cosignerais volontiers.

Nous en sommes là. Les politiques s'offusquent parfois, puis pensent à leur prochaine élection et font le gros dos. Les médias sont désormais séparés en deux catégories : ceux qui sont la caisse d'écho de la réalité, ce qui les identifie clairement à l'extrême droite, et ceux qui pensent infléchir la réalité en la niant, attitude désormais caractéristique de la gauche. Choisis ton camp, camarade !

Médiapart, *Libé*, *Le Monde* ont choisi. Si être journaliste consiste à travestir la réalité, ce sont là des médias de premier plan. Sinon…

6

La nature a horreur du vide, pas les fanatiques

Sans doute vous rappelez-vous la splendide formule de Patrick Le Lay, alors président-directeur général du groupe TF1 : « Ce que nous vendons à Coca-Cola, c'est du temps de cerveau humain disponible. »

Autant donner la citation dans son contexte : « Il y a beaucoup de façons de parler de la télévision. Mais dans une perspective business, soyons réalistes : à la base, le métier de TF1, c'est d'aider Coca-Cola, par exemple, à vendre son produit. Or, pour qu'un message publicitaire soit perçu, il faut que le cerveau du téléspectateur soit disponible. Nos émissions ont pour vocation de le rendre disponible : c'est-à-dire de le divertir, de le détendre pour le préparer entre deux messages. Ce que nous vendons à Coca-Cola, c'est du temps de cerveau humain disponible.

« Rien n'est plus difficile que d'obtenir cette disponibilité. C'est là que se trouve le changement permanent.

Il faut chercher en permanence les programmes qui marchent, suivre les modes, surfer sur les tendances, dans un contexte où l'information s'accélère, se multiplie et se banalise.

« La télévision, c'est une activité sans mémoire. Si l'on compare cette industrie à celle de l'automobile, par exemple, pour un constructeur d'autos, le processus de création est bien plus lent ; et si son véhicule est un succès il aura au moins le loisir de le savourer. Nous, nous n'en aurons même pas le temps[1] ! »

J'ai dit « splendide formule », parce qu'il est rare qu'un chef d'entreprise avoue avec un cynisme aussi décontracté quel est son but. Et aussi parce que, comme toute formule vraie, elle marche avec n'importe quel exemple. Reformulons, comme on dit en cours de Français : « À la base, la fonction actuelle de l'enseignement de l'ignorance, selon la belle formule de Jean-Claude Michéa, c'est d'aider Tariq Ramadan, les Frères musulmans et l'Internationale woke à vendre leurs produits. Et pour cela, nous leur fournissons du temps de jeune cerveau humain disponible. » Une formule exacte se reconnaît à la possibilité de changer la valeur de *x* ou de *y* sans que le sens de l'équation soit transformé. Parce que la relation d'évidence reste la même.

Il y a deux leviers dans ce processus, activés en même temps. D'un côté, la logique ultime de la société du spectacle, où télévision et École fournissent non des savoirs mais des divertissements – ce qui, au sens

1. *Les Dirigeants face au changement*, Les Éditions du Huitième Jour, 2004.

pascalien du mot, signifie un détournement de l'esprit vers des sujets annexes, ludiques et vides de sens. D'un autre côté, les pédagogies d'évidement des jeunes cervelles offrent aux divers fanatismes – sans compter le Marché – qui actuellement se disputent la possession de ces espaces vierges un merveilleux champ d'expérimentation et une Terre promise.

Si vous n'apprenez pas en classe que la Terre est une sphère, alors qu'on le sait au moins depuis le ve siècle av. J.-C., ce qui a conduit bien des explorateurs à se lancer dans des expéditions lointaines, Pythéas à l'extrême nord, Hannon ou Euthymènes au sud…

Si vous n'expliquez pas la théorie de l'évolution, avec tous les correctifs que la science a apportés aux intuitions géniales de Darwin, comment voulez-vous alors que des crétins ne pensent pas qu'ils sont l'émanation directe d'un projet divin ? L'imbécile, surtout s'il cumule en sa personne les caractéristiques de siècles de consanguinité, se reconnaît dans un dieu orageux et irrationnel…

Si vous n'enseignez pas en classe que la Shoah a fait six millions de morts, et que le grand mufti de Jérusalem l'approuvait entièrement, comment voulez-vous que des gamins fanatisés par des prêches et des médias incontrôlés ne pensent pas qu'Israël a inventé les crimes du Hamas, le 7 octobre 2023 ?

Le crétin vit de on-dit, de truismes et d'idées reçues. Régulièrement, mes élèves maghrébins m'ont affirmé qu'il y avait dix millions de musulmans en France (la réalité est autour de six) et presque autant de juifs

– quand ils ne sont guère plus de six cent mille[1]. Ils sont partout !

Revenons à Patrick Le Lay. Tous les mots dans son explication ont un sens précis. Par exemple, lorsqu'il note que « la télévision, c'est une activité sans mémoire », il touche au plus près du (dys)fonctionnement majeur de notre présent : il n'a pas de passé. C'est un fait sidérant et essentiel : les jeunes ignorent qu'il s'est passé quelque chose avant leur naissance – pas même qu'il a bien « fallu que [leur] père ait engrossé [leur] mère pour [les] faire », comme dit Sganarelle dans *Dom Juan*. Rien. L'Histoire commence avec la génération Z.

L'islam procède de même. Et pour être tout à fait cohérent, il élimine, dès qu'il en a l'occasion, toutes les traces des civilisations qui l'ont précédé. Et cela parce qu'il n'est pas lui-même une civilisation, contrairement à ce qu'affirment les béats de l'islamisation par l'entente cordiale, mais la négation de toutes les autres. Il dynamite les bouddhas de Bâmiyân, exécute le directeur des antiquités de Palmyre, attaque le musée du Bardo en Tunisie. Du passé il fait table rase – au sens propre, alors que l'Internationale en restait au sens métaphorique.

En 2015, j'écrivais sur les attentats du musée du Bardo, en Tunisie : « La "destruction des idoles" ne suffit pas à expliquer cet acharnement, au marteau-piqueur ou à la kalachnikov, à bousiller des œuvres

1. Voir https://enseignants.lumni.fr/fiche-media/00000000839/les-juifs-de-france.html.

d'art : il s'agit d'éradiquer le Temps. Les témoignages du Temps. D'en finir avec l'Histoire par d'autres voies que celles qu'avait imaginées Francis Fukuyama[1]. »

À un dieu incréé doit correspondre un monde immuable. Terre brûlée et *tabula rasa*. L'islam est la religion d'un désert qui entend le rester.

Pourquoi tant d'élèves musulmans méprisent-ils ce qu'on cherche à leur enseigner – quand ils ne méprisent pas directement ceux qui veulent leur enseigner, surtout quand ce sont des femmes ? C'est qu'à chaque fois que l'islam a rencontré dans ses rangs un savant, il a tout fait pour l'éliminer. Il met Avicenne en prison et, en 1182, le calife Abu Yusuf Yaqub al-Mansur lance contre Averroès une campagne de diffamation et d'interdictions qui amènera le philosophe à être exposé à la risée publique dans la mosquée de Cordoue et finalement exilé jusqu'à sa mort. Chance, il n'a pas fini empalé. Ah, ils ont bonne mine, les thuriféraires d'Al-Andalus ! Cet âge d'or supposé a duré une cinquantaine d'années, avant que les vrais croyants n'y mettent bon ordre. L'islam des Lumières, à quelques exceptions près auxquelles les fondamentalistes ont, à chaque fois, mis bon ordre, est un oxymore exemplaire.

D'où la répugnance aux études de nombre d'élèves de confession musulmane, car l'élève suit spontanément la voie de sa paresse. Pas tous : il en est qui ont réfléchi et qui ont choisi la voie du savoir – et très probablement celle de l'agnosticisme. Si on estime à

1. « Tunisie : le terrorisme a tout son temps », *Causeur*, 19 mars 2015.

6 % le nombre de musulmans athées[1], la proportion de ceux qui croient mais ne pratiquent pas est de 38 %[2]. Restent 56 % qui se moquent, souvent ouvertement, de tout ce que dit le prof – et surtout de tout ce que dit *la* prof : le mépris des femmes, qui se révèle si bien dans l'accoutrement de Belphégor afghan dont les purs croyants les obligent à se vêtir, ou dans la façon dont les garçons se confinent sur une moitié de classe pour ne pas risquer de toucher les camarades filles – elles pourraient être « impures » –, s'étend aux enseignantes, y compris dans le supérieur. Manque de pot, elles sont aujourd'hui majoritaires dans la plupart des disciplines. Ah ! l'identification est bien difficile pour les garçons, comme l'a remarqué Jean-Louis Auduc[3].

En revanche, ces mêmes croyants sont de grands consommateurs de boissons sucrées, ce qui entraîne une double épidémie, d'obésité d'abord et de diabète ensuite. Un médecin à qui ses patients musulmans et diabétiques demandaient s'ils pouvaient quand même faire le ramadan leur répondait de façon impavide : « Vous pouvez – mais vous mourrez. » Et de leur expliquer que le Coran a prévu la dispense de jeûne pour les malades. Mais qui va croire la parole d'un roumi surqualifié, quand le premier prêcheur inculte venu de Turquie ou d'outre-Méditerranée affirme le contraire ?

1. Au sens strict, un tel concept n'existe pas : on peut être juif athée, chrétien athée, mais pas musulman athée.
2. Voir https://fr.statista.com/statistiques/1119952/musulmans-pratiquant-non-atheisme-islam-france/
3. *Sauvons les garçons !*, Descartes & Cie, 2009.

Il n'y a qu'à voir, dans les marchés musulmans de ma bonne ville de Marseille, les pyramides de boissons sur-sucrées aux couleurs chatoyantes offertes à la soif intense des croyants en période de ramadan. Leur consommation fait partie de la stratégie du canapé chère aux institutionnels du divertissement télévisé, quand la seule activité physique consiste à appuyer sur les touches d'une télécommande.

7

Instruction ou éducation ?

La dénomination même du ministère de la rue de Grenelle, jadis Instruction publique, puis Éducation, montre l'hésitation française entre deux conceptions que tout oppose : la transmission pure des savoirs ou la formation complète de l'enfant, jadis réservée à la famille. Mais quand cette éducation elle-même entre en conflit avec les savoirs, ou quand ces savoirs ne sont plus réellement enseignés, que faire, comme disait, entre autres, Lénine ?

Je participais à Bruxelles, mi-février 2024, à un colloque sur l'éducation, à l'initiative du Mathias Corvinus Collegium, une organisation d'origine hongroise. Les participants arrivant d'horizons géographiques fort divers, de l'Europe centrale aux États-Unis, il avait été convenu que l'anglais serait la langue des débats.

« *Education* », disent donc les Britanniques. La traduction, qui paraît évidente, est en fait fort difficile. Les Anglais ne distinguent pas ce que nous appelons

« éducation » et ce que nous nommons « instruction ». Pour eux, l'*education* recouvre l'ensemble du *teaching*, aussi bien à la maison qu'à l'école. Évident ? Pas du tout.

Quant à « laïcité », c'est tout à fait intraduisible. « *Secularism* » ne recouvre pas la moitié du sens qu'un Français affecte à la laïcité.

Il faut toujours remonter à Condorcet qui, dans son *Premier Mémoire sur l'instruction publique* (1791), explique posément que si l'instruction est du ressort de l'école, l'éducation appartient à la famille. Ce philosophe des Lumières ne concevait pas que le catholicisme perpétue le fanatisme jadis dénoncé par Voltaire. En quoi il n'avait pas tort : l'instruction publique devait équilibrer harmonieusement l'éducation familiale. Ainsi l'éducation religieuse, estimait-il, était du ressort des familles.

L'islam était alors la religion des Barbaresques. On ignorait qu'il serait deux cents ans plus tard celle des barbares débarquant en France.

Pendant tout le XIXe siècle et le début du XXe, on parla du ministère de l'Instruction publique. Mais en 1932, sous Édouard Herriot, on débaptisa le ministère. Anatole de Monzie, le nouveau ministre, était un admirateur du Duce, qui trois ans auparavant avait institué un *Ministero dell'educazione nazionale* – et cet arrière-plan fasciste ne doit pas être négligé. Ce socialiste proche de Marcel Déat fut cohérent par la suite et soutint le régime de Vichy, pendant que Déat passait de la SFIO au Rassemblement national-populaire, ce qui lui valut d'être condamné à mort par contumace en 1945. Le socialisme serait-il soluble dans l'antisémitisme ? Les exemples contemporains abondent…

C'est le cœur du débat. L'État doit-il éduquer la jeunesse ou se contenter de lui transmettre les savoirs de base sans lesquels il n'est pas de pensée rationnelle ? Ou plutôt, ce fut longtemps le problème central. C'est fini : par une combinaison de volonté égalitariste, de politique européenne anti-nations, de pédagogies constructivistes et autres fariboles, on a renoncé à transmettre des savoirs et l'on ne s'occupe plus que de vagues « compétences ». L'enseignement de l'ignorance a effacé l'ambition d'arriver par la maîtrise des savoirs savants à un vrai élitisme républicain.

La question dès lors se pose tout autrement. Dans des cervelles largement laissées en friche par le refus obstiné de transmettre des savoirs complexes, sous prétexte de « respecter » les croyances avec lesquelles nous arrivent les élèves (un mélange de clichés, d'idées toutes faites, de on-dit et de rumeurs colportées dans les quartiers et sur le web), le vide que n'occupe plus le discours enseignant est une occasion en or pour les discours fanatiques et les superstitions absurdes : « Selon une enquête de l'Ifop auprès des 11-24 ans, un jeune Français sur six pense que la Terre est plate et un sur quatre doute de la théorie de l'évolution », notait *Le Point* en janvier 2023. Pensez-y bien : grâce aux pédagogues qui « respectent » les opinions héritées des parents, du quartier ou des grands frères, un jeune sur quatre que vous rencontrez dans la rue pense que l'homme a été créé par Dieu il y a un peu plus de quatre mille ans. Ce qui en soi serait folklorique, si d'autres Frères ne suggéraient à ces adolescents sans béquilles qu'il faut imposer ce point de vue. Hier l'ignorance, aujourd'hui la superstition, demain la charia.

Des pédagogues, inspirés par Rousseau et sa croyance en une bonté naturelle, répugnent à expliquer aux enfants que l'Histoire de France n'est pas une suite de malheurs infligés par de méchants Caucasiens à de gentils Maghrébins ou d'adorables Africains – qui ne se livraient pas du tout au commerce du bois d'ébène, c'est bien connu. L'espace laissé vierge dans les cervelles est désormais rempli par des prêcheurs de haine ou de convictions niaises. Les enseignantes, quoique largement majoritaires, ne doivent pas être écoutées : les femmes n'ont-elles pas pour fonction de faire la cuisine et le plus d'enfants possible ? La discipline ne doit pas être respectée, car qui a le droit de contrarier des enfants-rois élevés comme des princes du désert ? Les filles doivent se voiler, il faut revenir sur la loi de 2004[1] et faut utiliser toutes les feintes pour gagner sans cesse des territoires nouveaux, comme au jeu de go.

1. Rappelons que c'est ce qui a valu au sociologue Alain Policar, le 24 avril 2024, d'être démis par Nicole Belloubet de ses fonctions au sein du Conseil des sages de la laïcité où il avait été nommé par Pap Ndiaye. Nombre de pédagogues sont alors montés au créneau pour le défendre, preuve s'il en fallait de la collusion entre les tenants d'une « laïcité ouverte » et de pratiques pédagogiques létales. Mickaëlle Paty et Jean-Pierre Sakoun y ont vu avec raison « un symbole d'une République dont les dirigeants politiques ont depuis cinquante ans démantelé les idéaux et même les principes les plus intangibles, car qui oserait dire aujourd'hui qu'elle est encore indivisible, démocratique, laïque et sociale ? ». Voir www.lepoint.

Savez-vous jouer au go ? Les islamistes, certainement. C'est le plus ancien jeu de stratégie au monde, inventé par les Chinois pendant la période des Printemps et des Automnes – entre le VIIIe et le IIIe siècle av. J.-C. La partie se déroule sur un plateau divisé en dix-neuf lignes verticales et dix-neuf lignes horizontales. Les deux adversaires disposent de jetons, appelés « pierres » – blancs pour l'un, noirs pour l'autre. Il s'agit de déterminer et conquérir des territoires. La subtilité tient au fait qu'une chaîne de pions d'une couleur entourée d'un cercle de pions de l'autre couleur est absorbée. À l'arrivée, et bien qu'initialement le nombre de pierres soit le même dans les deux camps, le plateau paraît très majoritairement noir – ou blanc. Le lecteur qui fut mauvais élève se rappellera qu'il en est de même quand on joue aux morpions : bien que les deux joueurs aient joué le même nombre de coups, la feuille de papier prend majoritairement la couleur gagnante.

L'islam de conquête joue au go en Occident. Il place des pions – et les abayas ou les hidjabs portés par les filles sont un élément-clé de cette stratégie – de façon qu'à l'arrivée on ne voie plus que des voiles. Le ramadan en est un autre, avec des pressions exercées (y compris en primaire) sur les élèves non musulmans. La culpabilisation est l'un des leviers pour que les Occidentaux s'inclinent devant ceux qui aspirent à être leurs maîtres et qui les affubleront du joli nom de *dhimmi*.

fr/societe/n-assassinons-pas-la-laicite-la-soeur-de-samuel-paty-interpelle-pap-ndiaye-15-04-2023-2516440_23.php.

C'est ainsi que des offensives générales ont été lancées en septembre 2023 – dans la foulée des émeutes de juillet, qui elles-mêmes avaient une idée derrière leur tête creuse. Et surtout depuis début janvier 2024, sous le prétexte fumeux d'être solidaire avec les terroristes du Hamas. Les incidents se multiplient à l'université, à Lille, à Montpellier ou à Aix-Marseille. L'Uni, syndicat classé à droite (ou à l'extrême droite, les anathèmes volent bas, ces jours-ci), a alerté la direction de la faculté lilloise, sans obtenir autre chose qu'une absence totale de réaction. (Rappelons pour l'anecdote que l'université de Lille comptait Sandrine Rousseau parmi ses vice-présidents.) Quant à l'Unef, qui fait des risettes aux islamistes depuis plusieurs années, après avoir été un syndicat quasi marxiste en 1968, elle affirme, par la voix de son délégué général Arthur Sabatier : « Pour nous, ce n'est ni un phénomène ni un sujet. Nous n'avons jamais été témoins de ces scènes et personne ne nous a jamais rapporté de faits de cet ordre. »

Aveuglement ou complicité ? Ou volonté, commune à toutes les structures syndicales, de racoler large ? Après tout, le Nouveau Parti anticapitaliste n'avait-il pas présenté Ilham Moussaïd, une candidate voilée, aux élections de 2010 dans le Vaucluse – candidature qui fit des vagues au sein de l'ancien parti d'Alain Krivine et de Daniel Bensaïd… Et en 2015, Samuel Mayol, qui dirigeait l'IUT dépendant de Paris-XIII-Saint-Denis, a été suspendu de ses fonctions pour islamophobie – il aurait introduit des tapis de prière dans les locaux d'une association musulmane pour faire croire à une dérive intégriste. Il sera finalement relaxé et retrouvera son poste, après huit mois de guérilla judiciaire. La manipulation n'était pas celle que l'on croyait. Parfois le cheval de Troie islamiste bute sur la muraille laïque.

Il ne s'agit plus d'instruire ni même d'éduquer. Il faut impérativement rééduquer – y compris les enseignants gangrenés par l'idéologie du laisser-faire. Seuls des savoirs massivement imposés peuvent contrarier des superstitions religieuses dont l'objet est la haine de la connaissance, qui par définition contrarierait l'enseignement du Livre.

Dans les cervelles d'autres jeunes déboussolés par l'absence de repères intellectuels fiables, c'est le wokisme qui pousse ses feux. La haine des corps, qui se manifeste chez les uns par des cris d'orfraie dès qu'on leur montre un tableau, se traduit chez les autres par une répugnance au contact – et une abstinence du sexe qui devrait faire réfléchir, selon l'Ifop : « Si en 2006, 87 % des Français déclaraient avoir eu au moins un rapport sexuel ces douze derniers mois, ils ne sont aujourd'hui que 76 %. Soit un recul sans précédent, souligne d'emblée l'institut de sondage. Les écarts sont encore plus importants chez les jeunes âgés de dix-huit à vingt-quatre ans, parmi ceux qui ont déjà eu un rapport sexuel : 28 % d'entre eux affirment ne pas avoir eu de rapport depuis un an contre seulement 5 % en 2006. »

Pas grave ? Songez à votre propre jeunesse, quand vous jouissiez sans entraves d'être sous l'emprise de tel ou telle… Cette abstinence ressemble si fort à celle qu'imposent les pays musulmans tant que l'on n'est pas marié que vous feriez bien d'y penser à deux fois. Mais après tout, avez-vous réfléchi quand vous avez appris que de très jeunes gens qui n'étaient pas du tout de confession musulmane faisaient le ramadan par imitation ? En tout cas, le site Arab News s'en félicite hautement – une façon, selon lui, de lutter contre l'islamophobie. C'est ainsi que les contraintes les plus absurdes s'installent et se développent, dans les cervelles laissées en jachère – celles de vos enfants.

8

Les abayas de la discorde

Avec un petit mot de trois syllabes, Gabriel Attal, en septembre 2023, a occulté tout ce qui, dans l'École, pose réellement problème. Il a aussi fragmenté l'opposition, marqué sa différence avec son prédécesseur et s'est imposé comme champion de la laïcité pure et dure. Et si l'abaya était le petit doigt qui cache la forêt ?

A-ba-ya : perversion du traditionnel b-a-ba et de la culture française. Et même pire : il s'agit d'un déni de l'essence française. Que ce tissu destiné à dissimuler les formes et à épargner aux croyants les tentations de la chair soit cultuel ou culturel importe peu, les deux notions sont confondues dans l'islam. Il y a longtemps que les musulmans jouent de cette ambiguïté, sous prétexte que les mosquées abritent aussi une bibliothèque, ce qui leur permet de déclarer comme « associations régies par la loi de 1901 » des groupes parfaitement sectaires. Ce qui est sûr, en revanche, c'est qu'il s'agit d'un vêtement communautariste importé d'un Moyen-Orient moyenâgeux où le statut de la femme n'est pas exactement enviable. Que des féministes ou des LFIstes défendent le voile et l'abaya donne une idée du mépris de leur sexe qu'elles développent inconsciemment. Sous prétexte de draguer les « nouveaux prolétaires », comme disait Terra Nova, quitte à sacrifier sur l'autel des ambitions électorales le prolétariat français, une certaine gauche française est prête à justifier les pires dérives religieuses. Qu'en aurait pensé Karl Marx, camarades, lui qui rangeait toutes les religions sous l'étiquette « aliénation » ? Vous vous asseyez sur la servitude, volontaire ou non, de donzelles prêtes à servir de bouclier à des fondamentalistes : ce n'est pas joli-joli. Est-ce la stratégie du Hamas, planqué dans les hôpitaux civils, qui vous a inspirés ?

D'autant que certains musulmans ont le courage de dire la vérité. Ainsi s'exprime l'imam de Drancy, Hassen Chalghoumi (membre de la Conférence des imams de France), sur Twitter :

« Les traditionalistes comme les Frères musulmans utilisent à cet effet les réseaux sociaux avec des pseudos "influenceuses" pour inciter à porter ces tenues et faire plier ainsi les règles de la laïcité française et de la loi de 2004.

« Il est important à cet effet de rappeler que la loi de 2004 fut votée en premier lieu contre les signes ostentatoires d'appartenance à toute religion alors que la France est très majoritairement catholique et qu'à ce titre il ne s'agit en aucun cas d'une loi contre les musulmans, et encore moins une loi raciste du fait qu'être musulman n'est pas une race.

« Enfin et pour rappel toujours il en est de même pour la kippa interdite aussi dans les écoles publiques et la communauté juive n'y voit aucune discrimination.

« Il s'agit bien là donc de posture politique.

« Ces amalgames flagrants pour prêter à confusion, manipuler les esprits sensibles et fragiles à ces discours auprès d'une jeunesse malmenée et en recherche de repères.

« Non, faire de l'abaya un simple "vêtement de mode" ou le mettre sur le compte d'une simple crise d'adolescence est nier par pur clientélisme qu'elle manifeste l'adhésion à un islam politique qui poursuit un projet politique dont l'invisibilité de la femme fait partie.

« Le nier est *a minima* de l'ignorance, au pire de la désinformation et de la manipulation. Au détriment des jeunes femmes françaises musulmanes. Il s'agit là tout simplement d'une stratégie entriste pensée par les radicaux pour leur projet politique[1]. »

Évidemment, les intégristes algériens l'ont immédiatement fustigé – preuve s'il en fallait que c'est bien d'une guerre que l'on parle.

Le fait est que l'abaya (ou le voile, ou le qamis, ou le burkini, ou les babouches portées avec des chaussettes – mode immonde qui fait fureur –, ou n'importe laquelle des défroques que des influenceuses

1. https://twitter.com/Imam1chalghoumi/status/1696802141820600600.

subventionnées par des petits malins vantent sur les réseaux sociaux) est un vêtement communautariste. Et c'est sur ce point qu'il faut fonder son interdiction, non seulement à l'École, mais dans tout l'espace public.

« La République est une et indivisible, laïque, démocratique et sociale » : c'est le premier article de la Constitution. Tout ce qui contrevient à cette unité est hors la loi. Communautariste, dans le langage révolutionnaire qu'affectionne Mélenchon, se dit « factieux ». Le *Lider Maximo* de la Canebière se rappelle-t-il ce que l'on faisait aux « factieux » sous la Convention ? On les divisait en deux parties inégales. Les factieux tombaient dans le panier de la bascule à Charlot.

D'autant que les gamines décervelées qui portent ces vêtements sont françaises et ne peuvent ignorer la loi française. Les extrémistes, tout comme les racailles qui dévastent régulièrement nos cités, sont français. Il faut leur appliquer la loi d'une nation « une et indivisible ».

Et de culture, il ne peut n'y en avoir qu'une, celle du pays et de la classe qui le dirige. Il n'y a pas de « culture jeune » ni de « culture musulmane » – pas en France en tout cas. Si vous le soutenez, vous êtes un factieux.

Qu'est-ce qu'un factieux ? Reprenons la terminologie révolutionnaire : c'est un individu qui cherche à fractionner la République. Les communautaristes ont justement cette ambition : créer des bantoustans islamiques, comme en Angleterre, où la charia est déjà d'usage dans les règlements des problèmes familiaux – pensez donc comment sont attribués les enfants en cas de divorce, ou comment sont répartis les héritages entre frères et sœurs. Et un jour (le Temps n'existe pas, pour une religion qui vénère un dieu incréé), réunifier le pays sous la bannière verte d'un islam unifié. Puis régler les comptes.

Ce n'est pas être islamophobe que d'écrire cela : c'est un fait. Une minorité d'activistes cherche à éparpiller la République façon puzzle. Le problème est que les musulmans qui n'adhèrent pas à cette volonté de conquête se taisent, dans leur immense majorité. La peur est le principal levier de ces conquérants furtifs.

Eh bien, il faut que la peur change de camp. Nous n'avons pas à respecter qui veut notre disparition. Interdire l'abaya fut un tout premier pas. Faire respecter par le dialogue cette interdiction sera problématique. Il faudra sans doute désormais la faire respecter plus vigoureusement. S'il faut donner plus de pouvoir aux forces de l'ordre, faisons-le : la restauration de l'intégrité nationale n'a pas de prix.

Aucun juif n'a protesté en 2004 contre l'interdiction de porter une kippa en classe[1]. C'est que les juifs ont toujours cherché à s'intégrer en France, comme l'a magnifiquement raconté Pierre Birnbaum en 2013 dans *La République et le Cochon*[2]. Par ailleurs, quel

1. Il est à noter que le port de la kippa dans l'espace public ne se constate guère en dehors des trajets entre le domicile et la synagogue. Alors que tant de jeunes musulmans plastronnent dans des tenues islamiques, les juifs font profil bas : ils savent mieux que tout le monde comment commencent les pogroms. Et tout le monde ne maîtrise pas les arcanes du krav-maga.
2. Éditions du Seuil, 2013.

juif serait assez fou pour porter une kippa en milieu périscolaire, quand en un an le nombre d'actes recensés d'antisémitisme a quadruplé[1], passant de 436 en 2022 à 1 676 en 2023 ?

Mais les musulmans intégristes ne veulent surtout ni s'intégrer ni s'assimiler. Les pédagogues qui s'insurgent contre l'enseignement d'une Histoire de France qui aurait ces objectifs sont tout bonnement des traîtres à la patrie.

L'interdiction de l'abaya fut un joli coup de Gabriel Attal. Mais il reste bien des chantiers autrement importants dans l'Éducation nationale – entre autres réinventer l'enseignement de l'Histoire de façon à faire des Français, et non une mosaïque d'opinions divergentes. Le nouveau Premier ministre, qui en trois mois a usé déjà deux ministresses rue de Grenelle, a-t-il le temps ou l'ambition de s'y consacrer ? Ce n'est pas de réformettes que ce pays a besoin : il faut renverser la table.

Quant à savoir si les ministres qui ont succédé à Gabriel Attal avaient les épaules pour porter une révolution scolaire, ce n'est pas une question : c'est une plaisanterie. L'une a démissionné, l'autre gère les affaires courantes[2].

1. https://fr.statista.com/statistiques/603785/nombre-actes-antisemites-recenses-france/.

2. Nicole Belloubet a toutefois eu le mérite de remercier en mai 2024 le sociologue Alain Policar, indéfectible soutien de la « laïcité ouverte » et adversaire de la loi de 2004, du Conseil des Sages de la laïcité.

9

Non aux abayas… et puis ?

En promettant un décret interdisant le port des abayas, Gabriel Attal s'est donc imposé en se démarquant de son prédécesseur, trop woke pour prendre clairement position sur un sujet qui empoisonne depuis longtemps la vie des chefs d'établissement. Il divise profondément la gauche, qui hésite entre soutien (Fabien Roussel) et rejet (Clémentine Autain et LFI en général, préoccupées de défendre des gens qui ne voteront jamais Mélenchon). Il prend ses marques vis-à-vis des syndicats, eux aussi partagés entre soutien et suspicion. Il réjouit les vrais laïcs, auxquels Pap Ndiaye avait porté des coups sensibles pendant un an. Et il s'offre même le luxe de paraître féministe – du moins un féminisme à la Élisabeth Badinter, qui s'est toujours prononcée contre le voile et autres oripeaux d'aliénation. Parce que l'abaya, comme le voile, stigmatise les femmes, que l'islam n'a de cesse de dégrader et qu'il exploite comme les misérables pions qu'il voit en elles.

Interdire les défroques religieuses, dans les faits, ne sera pas facile. Le plus simple est d'instaurer l'uniforme, comme cela se fait aux Antilles, sans que les adolescents là-bas protestent. Jupe pour les filles, blazer pour les garçons. Avec des contraintes fortes sur la chevelure, les chaussures, les tatouages : on doit s'habiller pour venir à l'école comme on s'habille pour être chirurgien ou homme d'affaires. L'uniforme, qui relancerait une industrie du vêtement aujourd'hui moribonde, est un bon moyen d'égaliser les conditions, afin que la seule distinction soit celle du travail et du talent. C'est cela, l'élitisme républicain. Ce n'est pas être de droite extrême que de dire cela – n'en déplaise aux aveugles qui traitent de fascistes tous ceux qui voient trop bien.

Évidemment, l'abaya est le petit doigt qui cache la forêt des vraies préoccupations. Il faut repenser tout le système éducatif, si l'on veut arrêter la glissade de la France, ininterrompue depuis vingt ans, vers les abysses des classements internationaux. Revenir sur le collège unique, dont le plus bel effet fut d'abaisser automatiquement le niveau. Réformer en profondeur la loi Jospin, grâce à laquelle ce ministre de gauche, trois mois plus tard, n'avait pas osé interdire les voiles de Creil et s'en était remis au Conseil constitutionnel, manœuvre dilatoire qui donna de l'espoir à tous les extrémismes religieux. Il faut repenser la formation des maîtres et ne pas confier les clés des Écoles normales, que le gouvernement pense aujourd'hui à ressusciter, aux pédagogues qui ont massacré trois générations de néoprofs via les IUFM/ESPE/INSPE : recruter les candidats juste après le bac, par exemple, et les former à fond jusqu'à la fin de la licence, sans reculer indéfiniment l'entrée dans le métier. On pourrait aussi inventer des CPGE (classes préparatoires aux grandes écoles) spécifiques, ce qui déchargerait les universités, pleines d'enseignants-chercheurs de grand mérite dont la vocation est justement de chercher, pas d'enseigner les matières générales.

L'essentiel est de reprendre les programmes en donnant aux établissements une vraie souplesse pour augmenter, quand c'est nécessaire, la part du français (40 % de quasi-analphabètes en sixième est un record dont aucun ministre ne devrait se satisfaire) et des sciences. Et de l'histoire, qu'il faut arracher aux lubies des idéologues pour qui narrer l'Histoire de France, c'est exalter le colonialisme cocardier.

Et il faut faire ces réformes vite et concurremment. Si tout change en même temps, les adversaires du savoir et de l'intelligence n'auront pas le temps de protester. Peut-être faut-il aller jusqu'à permettre un recrutement régional et donner aux chefs d'établissement le pouvoir de raisonner les partisans du moindre effort – ou celui de les révoquer. Il faut « dégraisser le mammouth » en réformant les habitudes jacobines qui permettent effectivement de prendre des décisions, mais ralentissent leur mise en exécution. Ce qui est sûr, c'est que chaque école, chaque collège, chaque lycée doit pouvoir gérer les emplois du temps, en donnant plus à ceux qui en ont le plus besoin et en cessant de disperser l'énergie à étudier des matières annexes et des « sensibilisations » qui ne font plaisir qu'à ceux qui les colportent :

les élèves ont bien le temps d'apprendre à conduire, à régler leur alimentation, se soucier des problèmes écologiques ou étudier à fond la sexualité de leur prochain. Il faut leur apprendre à lire, écrire, compter – et savoir d'où vient ce « vieux pays », comme disait de Gaulle.

Oui, Gabriel Attal a réussi un joli coup, mais il n'a pas gagné la partie. Il doit savoir que ce ministère est infiltré, depuis trente ans, par des forces négatives qui dénaturent le moindre décret pour préserver, prétendent-ils, la sacro-sainte liberté pédagogique. Il est temps que des consignes claires disent aux professeurs, à tous niveaux, ce qu'ils doivent faire et comment ils doivent le faire : apprendre à lire et à écrire en méthode alpha-syllabique, par exemple, ou maîtriser les quatre opérations arithmétiques de base à la fin du cours préparatoire.

Dernier point : il faut penser à une vraie mixité scolaire, qui ne consiste pas à saupoudrer les classes des riches de quelques pauvres, mais à confronter les intelligences, de quelque milieu qu'elles viennent. La France qui sombre a besoin de tous les talents pour être à nouveau l'exemple des nations.

Parce que c'est par l'Éducation que le combat économique se gagne – voir la Chine ou le Japon. Il fut un temps où les industriels étrangers (Toyota à Valenciennes, par exemple) s'installaient en France parce que l'ouvrier français avait un niveau très supérieur à celui de ses homologues européens. Ils partent aujourd'hui à Singapour ou à Shanghai, pour des raisons similaires. Il faut remonter le niveau d'un pays qui se croit intelligent parce qu'il le fut jadis – et qui peut le redevenir demain.

10

Le djihad scolaire[1]

Les Frères musulmans, chassés d'Égypte, leur foyer initial, par la politique vigoureuse du maréchal Abdel Fattah al-Sissi, se sont repliés vers l'Europe, dont ils ont senti que les convictions faiblissaient. Ainsi en est-il des maladies nosocomiales : elles fuient les organismes sains pour infester les malades.

Les Frères sont loin d'être idiots et ont très bien analysé la société française, dont le « multiculturalisme » fait éclater l'intégrité originelle. Ils ont déterminé que l'École était aujourd'hui son point faible : la déperdition de matière grise, la collaboration d'enseignants islamo-gauchistes – ou simplement collaborateurs, la dhimmitude étant une tendance innée chez les partisans du « pas de vague » – et le relativisme culturel ont causé un effondrement des défenses immunitaires

1. J'emprunte cette formule, parce que je la trouve totalement appropriée, à Marc Hellebroeck, qui l'utilise dans un texte paru sur Frontpopulaire.fr début avril (https://frontpopulaire.fr/opinions/contents/voile-au-lycee-maurice-ravel-l-etat-na-donc-toujours-rien-compris_tco_30349429).

de ce qui fut jadis le principal levier de la laïcité et de l'intégration dans la nation française.

Ils ont alors lancé un djihad scolaire qui porta d'abord sur les matières enseignées, acculant nombre d'enseignants à l'autocensure : pas de discours scientifique sérieux sur la fabrique du vivant et l'origine des espèces, pas de références aux événements historiques qui fâchent, épurement du vocabulaire. Exactement comme les nazis dans l'Allemagne des années 1930. Ou comme Big Brother dans le roman d'Orwell.

Bien sûr, ce djihad scolaire ne s'illustre pas (pas tout le temps, du moins) par des actions spectaculaires. Il s'agit, comme l'a très bien décrit Gilles Kepel, d'un « djihadisme d'atmosphère » : par petites touches – une adolescente agressée dans un bus en direction de son collège par plusieurs élèves de son établissement pour non-respect du ramadan à Achenheim (Bas-Rhin) début avril 2024, une autre rouée de coups à Montpellier pour une tenue trop européenne, un Algérien poignardé mortellement à Bordeaux, les « incidents » se sont multipliés –, les Frères musulmans s'efforcent de créer un climat de tension et de peur favorable à leur expansion. Comme l'explique l'islamologue Razika Adnani, « il faut en finir avec l'idée que l'islamisme n'est pas l'islam » : « Les actes de violence que la France a connus ces derniers jours révèlent un désir de soumettre les musulmans de France à la charia, au nom de la règle de la loi islamique que l'on nomme "ordonner le convenable et dénoncer le blâmable". C'est une règle qui s'applique davantage aux musulmans, même si les religieux l'ont élargie aux non-musulmans en s'appuyant sur le concept du djihad. Celui qui a l'objectif d'imposer la charia a l'objectif d'imposer l'islam, et celui qui veut imposer l'islam impose la charia. C'est au nom de l'islam qu'on impose la charia, qui est la norme législative de l'islam. Dans le Coran, il y a des versets qui ont une portée juridique. C'est la "charia coranique" sur laquelle les juristes se sont fondés pour mettre en place, entre le VIIIe et le Xe siècle environ, la "charia des livres de droit". Pour les musulmans, l'islam n'est pas dissociable de la charia, c'est-à-dire de sa dimension juridique. [...] La laïcité protège la République française de l'offensive de la religion musulmane dans l'espace public à travers le port du voile, les prières de rue ou les soirées "*iftar*" dans des lieux publics. Si les sociétés occidentales ont évolué vers un modèle d'organisation où la religion se retire dans l'espace privé, les islamistes veulent que l'islam occupe l'espace public. L'islam est une religion qui se vit et existe davantage dans l'espace public que dans l'espace privé[1]. »

Dans l'espace (public) scolaire, c'est en pesant sur le contenu des cours eux-mêmes que s'impose le djihad à bas bruit. Prétendre que Darwin (et ceux qui depuis la publication de *L'Origine des espèces* ont affiné les intuitions du génial biologiste anglais) ne peut être évoqué entre dans la logique d'un fanatisme qui

1. *Le Figaro*, 15 avril 2024. De Radzika Adnani, lire *Islam : quel problème ? Les défis de la réforme*, Vasca-Publisher, 2017.

méconnaît le Temps et la succession des ères. En cela, l'islam se montre encore plus rétrograde que les fondamentalistes protestants américains, qui parvinrent jadis à faire supprimer toute référence à Darwin dans les manuels scolaires... en 1925[1]. Un dieu incréé ne peut autoriser une évolution linéaire. Pour l'islam, hier c'est aujourd'hui, c'est demain.

La Shoah est également le point aveugle de l'impensé islamique. Passons sur ceux qui se lancent carrément dans l'apologie de Hitler et justifient l'appui du grand mufti de Jérusalem au petit moustachu autrichien. Il est à noter que si un « Gaulois » soutenait en classe de telles idées, il se ferait immédiatement tancer sous l'accusation justifiée de négationnisme. Mais si c'est un musulman, nombre d'enseignants s'efforceront de le convaincre gentiment qu'il a tort, au lieu de le signaler immédiatement à l'administration. De même la conviction que les camps de concentration sont une invention, qu'Israël appartient aux Palestiniens – qui n'en ont jamais rien fait, partant du principe qu'Allah y pourvoirait –, que les guerres de 1948, 1967 et 1973 ne furent gagnées par l'État juif qu'avec la complicité de tous les pays « colonisateurs », bref, que les Palestiniens en particulier et les Arabes en général appartiennent au bloc florissant des victimes des colons et des esclavagistes, tout cela fermente dans les crânes vides.

1. Ce fut au centre du procès intenté alors à un enseignant du Tennessee, John Thomas Scopes. Il s'agissait d'interdire le mot « évolution ». Voir www.lhistoire.fr/la-bible-contre-darwin-le-proc%C3%A8s-scopes.

À noter que la loi Taubira sur la traite atlantique, qui impose de méconnaître la traite saharienne, bien plus longue, plus dense et plus meurtrière, a joué un rôle dans cette culpabilisation aberrante. Que cette même Christiane Taubira, responsable en 2002, avec ses 2,32 %, de l'échec de Lionel Jospin, soit toujours l'idole de la gauche la plus masochiste du monde donne une idée de la réécriture permanente de l'Histoire par les bobos parisiens et quelques autres.

Quant au vocabulaire… Gérard Depardieu (in *Le Plus Beau Métier du monde*, 1994) parlait déjà à ses élèves de « chiffres rebeus » pour ne pas dire « arabes » et risquer de choquer sa classe d'ignorants. En avril 2024, une enseignante des quartiers nord de Marseille s'est fait traiter de raciste parce qu'elle opposait, justement, chiffres romains et chiffres arabes. Telle autre a été stigmatisée comme islamophobe parce qu'elle reprochait à un élève musulman d'avoir une « écriture de cochon » – une métaphore usuelle depuis des siècles. Il est désormais des mots vivement déconseillés, pour ne pas dire interdits. M'accusera-t-on d'oser des parallèles indécents si je rappelle les analyses de Victor Klemperer sur la mainmise hitlérienne sur la langue allemande dans *Lingua Tertii Imperii* (1947) ? Plus vous supprimez de mots dans une langue, plus le discours unidimensionnel a de chances de s'imposer.

Ce ne sont que les préludes du djihad scolaire lancé par les Frères musulmans. Nous avons désormais affaire à une vraie police des mœurs qui s'est instituée dans les lycées et collèges. L'affaire Samara, à Montpellier, a été le révélateur de ce fascisme ordinaire. L'islamisme, comme tous les fascismes, est d'abord un terrorisme de l'esprit. C'est la raison pour laquelle 90 % des musulmans français, qui honnêtement aspirent à vivre en paix en France, à se démarquer le moins possible et, à terme, à s'intégrer à la société occidentale, obéissent à des diktats imposés par une poignée d'apprentis-terroristes qui utilisent la peur comme levier essentiel. La passivité, l'acceptation muette sont aussi des formes de collaboration.

D'où l'évidence : le voile, comme l'ensemble des tenues « islamiques » (qui n'ont en général aucun fondement religieux et sont des imitations de coutumes médiévales conservées à l'époque moderne en Arabie Saoudite ou en Afghanistan), doit être interdit dans tout l'espace public. Moins on en verra, moins il y en aura – parce que plus on en voit et plus il y en a : l'aberration vestimentaire devient la norme, sous la pression des fondamentalistes. L'adolescent, par nature, est bien moins rebelle que conformiste. La pression « amicale » des grands frères s'ajoute à l'effet de mode pour imposer cette uniformisation vestimentaire.

J'ai eu à Marseille des élèves de culture musulmane dont je peux affirmer qu'elles étaient parfaitement agnostiques et qui se voilaient en sortant du lycée pour éviter d'être agressées – verbalement d'abord, physiquement ensuite – par lesdits « grands frères » lorsqu'elles regagnaient leur cité. La construction de grands ghettos à travailleurs immigrés, dans les années 1960-1970, a favorisé ce phénomène clanique, cette communautarisation qui fait éclater la France. Nous avons nous-mêmes facilité l'apparition de bantoustans islamiques.

La loi de 2004 n'a fait qu'une petite partie du boulot. Interdire les « signes religieux ostentatoires » dans les collèges et lycées (donc à des élèves généralement mineurs) est très insuffisant. Les fondamentalistes envoient aujourd'hui des cohortes de filles voilées dans les universités, imposent dans les hôpitaux la présence d'un mari ou d'un frère pendant les consultations pour escorter leurs filles, leurs sœurs ou leurs épouses, et profitent du moindre interstice pour forcer la France laïque à s'ouvrir – et c'est bien d'un viol qu'il s'agit – à une culture qui veut la mort de toute culture autre qu'elle-même.

Il ne leur suffit pas de faire pression sur leurs coreligionnaires. En usant intelligemment du levier de la culpabilité, ils imposent leur point de vue à des Occidentaux que l'on persuade qu'ils sont responsables de la stagnation de l'Afrique en général, du Maghreb en particulier et de l'Algérie précisément. C'est là que joue à plein l'articulation islamisme/wokisme (voir la dernière loi – le *Hate Crime and Public Order Act* – passée tout récemment en Écosse, à l'instigation du nouveau Premier ministre de la région, le musulman Humza Yousaf, qui vise à réprimer tout discours de haine et de transphobie). On feint de s'allier avec les plus extrémistes des LGBT et on les éliminera lorsque la charia sera officielle. Sans doute alors, comme dans le joli roman à peine dystopique de

Houellebecq, *Soumission* (2015), les islamo-gauchistes les plus convaincus se convertiront prestement : ça leur permettra de disposer de quatre épouses, et les féministes s'apercevront trop tard qu'elles ont donné des armes à leur pire ennemi.

Intermède

Le 8 mars 2024, c'était la Journée internationale des droits des femmes.

Ce fut l'occasion, dans les médias, de s'extasier sur les progrès accomplis en matière de droits depuis un demi-siècle – parfois depuis un siècle, selon que les journalistes éprouvaient ou non le désir de meubler. Tout le monde s'est accordé à dire que c'est encore dans le droit du travail, et conséquemment au niveau des salaires, que des progrès restaient à faire.

Moi qui ai été élevé dans la conviction que les femmes sont « la moitié du ciel[1] », je ne me satisfais pas vraiment de la condition des femmes en Occident en général, et en France en particulier.

1. Expression chipée à Mao Zedong, qui fournit jadis un titre (homonyme) à l'un des livres les plus intelligents sur la question, écrit par Sheryl WuDunn et Nicholas D. Kristof : *La Moitié du ciel : enquête sur des femmes extraordinaires qui combattent l'oppression* (Les Arènes, 2010). Le titre reprend celui d'un essai percutant de Claudie Broyelle sur la libération des femmes en Chine (Denoël/Gonthier, 1973).

Ce fut l'occasion de laisser parler ma fibre lyrique… Et sous un splendide tableau d'Otto Pilny (*Le Marché aux esclaves*, 1910), j'ai écrit ce qui suit, que le site de Causeur.fr a bien voulu publier.

*

Je souhaite une belle journée à toutes les femmes…

Mais je ne la souhaite pas aux femmes grillagées des talibans, grâce à la retraite précipitée des Américains qui leur ont fait miroiter la liberté et la démocratie avant de se carapater…

Ni aux Iraniennes emprisonnées ou tuées parce qu'elles refusent de porter un voile, et très mollement défendues par l'Onu, qui vient de confier à l'Arabie Saoudite la direction de la Commission pour les droits des femmes…

Ni aux Israéliennes violées, torturées et tuées par ces terroristes du Hamas qu'encense Judith Butler, l'idole des bobos et de LFI réunis, qui a inventé la théorie du genre…

Ni aux femmes mariées de force à leur oncle ou à leur cousin, de façon à accoucher de gosses qui se transmettront quelques tares héréditaires en se mariant à leur tour avec leurs cousines…

Ni aux femmes vendues pour quelques chameaux ou un troupeau de chèvres…

Ni aux petites filles excisées ou infibulées çà et là – y compris en Occident…

Ni aux Occidentales violées par des immigrants de plus ou moins fraîche date qu'il ne faudrait quand même pas stigmatiser, les pauvres, au nom de l'intersectionnalité des luttes…

Ni aux Maghrébines ou aux Africaines violées par des « frères de race », qu'elles ne doivent surtout pas dénoncer – j'ai évoqué plus haut cette opinion douteuse de Houria Bouteldja…

Ni aux femmes voilées sur injonction de leurs grands frères et de tous les autres – heureusement que les Chiennes de garde françaises se battent pour qu'elles aient le droit de sortir elles aussi empaquetées jusqu'aux yeux…

Ni aux filles des syndicats lycéens qui veulent absolument avoir le droit d'arriver en classe en abaya ou en tchador…

Ni aux femmes sans conviction religieuse mais tenues de vénérer un dieu auquel elles ne croient pas – sous peine de mort…

Ni aux femmes qui au nom de la religion n'ont droit qu'à une fraction de l'héritage de leurs frères…

Ni aux femmes qui n'étant ni mères ni épouses sont considérées comme des putes…

Ni aux sportives forcées désormais de cohabiter dans les vestiaires et dans les stades ou les piscines avec des hommes transgenres qui en profitent pour les violer…

Ni aux épouses régulièrement malmenées par leur compagnon – pour celles mortes sous leurs coups, de toute façon, c'est un peu tard…

Ni aux femmes abusées par leur psychanalyste…

Ni aux femmes payées 15 à 20 % de moins que les hommes alors qu'elles fournissent un travail équivalent, et qui du coup ont le pain quotidien, comme dit Prévert, relativement hebdomadaire…

Ni aux enseignantes que les petits machos auxquels elles expliquent la règle d'accord des participes passés méprisent parce qu'elles sont des femmes…

Ni aux femmes complices de leurs oppresseurs et qui ne liront jamais le *Discours de la Servitude volontaire* d'Étienne de La Boétie…

Ni à celles qui trouvent que Sandrine Rousseau a raison…

Ni à celles qui admirent Mathilde Panot…

Ni à celles qui trouvent normal qu'il n'y ait en tout et pour tout que six femmes au Panthéon…

Ni…

SECONDE PARTIE

DU PRINCIPE DE LAÏCITÉ

11

Les enseignants entre laïcité, compromissions et collaboration

Tirés à hue et à dia par les projets de charia des fréristes, les retournements de veste de la gauche, la défense (récente) de la laïcité par la droite et la responsabilité écrasante des pédagogues, prêts à toutes les compromissions pour acheter la paix scolaire – et, à terme, la déroute civile –, les enseignants français ont bien du mérite à persister à transmettre une langue, une culture, une civilisation. Et certains – des lecteurs du *Soumission* de Houellebecq, sans doute – ont déjà sauté le pas et militent pour un enseignement qui prendrait en compte les lubies des extrémistes. *Dhimmis* un jour, *dhimmis* pour toujours.

L'actualité récente est sombre, comme d'habitude. À Paris, le proviseur du lycée Maurice-Ravel, dans le XXe arrondissement, s'est vu menacé par une élève de BTS qui entendait entrer dans l'établissement avec son voile – en infraction avec la loi de 2004.

Récapitulons. Nous avons vu que la première affaire de voile remonte à octobre 1989, à Creil, lorsque deux collégiennes prétendirent entrer voilées dans leur établissement scolaire. Lionel Jospin, expert en atermoiements, au lieu de prendre dans l'instant un décret interdisant l'entrisme de la superstition à l'école, passa la patate chaude au Conseil d'État, qui prit son temps. Ce n'est qu'en 2004, devant les témoignages concordants et accablants, que la commission Stasi accoucha de ce qui allait devenir la loi interdisant dans les écoles, les collèges et les lycées publics le port de signes ou tenues par lesquels les élèves « manifestent ostensiblement leur appartenance religieuse ».

Dans ces mêmes années de valse-hésitation, Terra Nova, le *think tank* de la gauche intelligente, accoucha d'une idée lumineuse : puisque la classe ouvrière, échaudée par quatorze années de politique mitterrandienne, s'en allait chez Le Pen, il convenait de trouver un nouveau prolétariat, de nouveaux damnés de la terre.

Rappelez-vous l'élection présidentielle de 2002. Tout le monde pensait que le second tour verrait s'affronter Lionel Jospin et Jacques Chirac. L'hypothèse Le Pen n'était pas évoquée, même chez les bookmakers les plus fous. Jospin, sommé par l'ex-Premier ministre Pierre Maurois de « s'adresser au peuple », avait refusé en expliquant que le peuple nouveau qu'il guignait n'était pas constitué par les ouvriers d'une industrie désormais défunte. Et il fut envoyé à la retraite d'office par un peuple qui n'avait pas tout à fait abdiqué.

C'est le grand tournant. La gauche, et plus encore l'extrême gauche, allaitées des décennies durant à la laïcité intransigeante de Jaurès et du petit père Combes, mangeait son chapeau et soutenait désormais le communautarisme. Pis : sa frange la plus extrémiste a fait sien l'antisémitisme musulman à l'occasion de la guerre que mène Israël contre le Hamas.

Le projet s'était mis en place sous Mitterrand, qui est vraiment l'homme qui a le mieux détruit la France. Comme l'a fort bien expliqué Hadrien Mathoux en mars 2023 dans *Marianne*, « dans les années 1980 le pouvoir mitterrandien troque le modèle assimilationniste pour un “droit à la différence” lénifiant qui pave la voie à toutes les revendications communautaires, souvent accueillies avec bienveillance dans les collectivités gérées par les socialistes ». On se souvient que c'est pour protester contre ces petits arrangements mortifères que Céline Pina, adjointe au maire de Jouy-le-Moutier, conseillère régionale d'Île-de-France, suppléante du député socialiste Dominique Lefebvre, après vingt ans de militantisme au PS, a rejoint ce qu'il restait d'intelligence à *Front populaire* d'abord, à *Causeur* ensuite. Ce qui lui vaut d'être traitée d'extrémiste de droite par les petits roquets de la pensée unique.

On assiste dans ces années 2000-2020 au grand retournement idéologique. La gauche s'empare de l'indigénisme, de l'antisémitisme, de la « pensée décoloniale », de l'intersectionnalité des luttes (qui amène les féministes à défendre le voile islamique, symbole d'infériorité des femmes) et autres billevesées cautionnées par d'ardents universitaires qui se cooptent joyeusement entre eux pour mieux abaisser le niveau de la recherche en France. Et les prétendus héritiers de Jaurès abandonnent le drapeau de la laïcité, ajoute Hadrien Mathoux.

Cette mutation radicale amène nos nouveaux indigénistes à glorifier les États-Unis, jadis Grand Satan de la gauche – rappelez-vous les « *US go home* » peints sur les murs dans les années 1960. Mais le communautarisme anglo-saxon séduit tous ceux qui haïssent la laïcité.

L'intelligence a changé de camp. En 1997, Michel Winock avait publié *Le Siècle des intellectuels*, où il passait en revue tous les grands noms de l'engagement, de Romain Rolland à Sartre et de Barrès à Gide : pendant quatre-vingts ans, gauche et droite ont rivalisé d'intelligence. On pense ce que l'on veut des *Temps modernes*, revue-phare de ce bouillonnement intellectuel, mais le talent et la matière grise – même dévoyés en des combats douteux – n'y manquaient pas. Et « intellectuel de gauche », à de très rares exceptions près, sonna pendant un siècle comme un pléonasme.

Aujourd'hui, qui se targue d'être un intellectuel de gauche ? L'intelligence est passée à droite – laquelle défend désormais la laïcité, dernier rempart contre l'islamisation. Qu'en auraient pensé Charles Maurras ou Léon Daudet ?

Le spectre politique s'est déplacé de 180 degrés. Défendre le communautarisme, souhaiter une France éclatée façon puzzle, noyer la Constitution dans la charia comme l'Angleterre : dans un article du *Figaro*, le 1er mars 2024, François-Joseph Schichan citait l'ancienne ministre de l'Intérieur britannique Suella Braverman, déclarant au *Telegraph* que « les islamistes sont désormais aux commandes du Royaume-Uni. Ils exercent leur influence dans tous les domaines[1] ».

Méfiez-vous cependant, pauvres cloches de gauche qui sonnent creux : les islamistes, une fois élus, s'assoient sur les bobos wokistes qui leur ont permis d'accéder au pouvoir. À Hamtramck, dans la banlieue de Detroit, les gogos féministes et LGBT ont puissamment contribué à l'élection d'une municipalité islamiste. Résultat, il n'y a plus de femmes au conseil municipal et le drapeau LGBT est partout interdit. On n'empale pas encore, mais le cœur y est. L'intersectionnalité des luttes, c'est l'amalgame des pulsions mauvaises. J. K. Rowling, qui est la cible permanente des groupes transgenres, a usé de sa notoriété pour dire tout haut ce que nombre

1. Caroline Demopoulos expliquait ainsi dans *Le Point*, en avril 2012, la mainmise des islamistes sur les institutions locales : « Le docteur Prakash Shah, maître de conférences en droit à l'université Queen Mary de Londres, explique qu'il y a différents types de conseils de la charia au Royaume-Uni : certains, comme celui de Leyton, ont acquis un statut institutionnel au fil des ans, ils réunissent des oulémas, c'est-à-dire des théologiens de l'islam, et suivent une procédure complexe et bien définie, quasiment à la manière d'un tribunal. D'autres, précise l'universitaire, "sont plus informels et peuvent se tenir, par exemple, au sein d'une mosquée. La définition d'un conseil de la charia n'est pas fixée, personne ne sait vraiment quels en sont les contours précis", affirme-t-il. De son côté, le gouvernement britannique semble fermer les yeux sur l'existence de ce type d'institution. "L'application de la loi de la charia n'est pas reconnue par l'État britannique, mais elle n'est pas non plus interdite", dit l'universitaire. Ce qui, selon Prakash Shah, préoccupe davantage les autorités est le refus grandissant de la part des couples musulmans de passer par un mariage civil. "D'une certaine manière, en effectuant seulement le mariage religieux, les musulmans se tiennent de plus en plus à l'écart de la loi officielle." »

d'Écossais, sidérés, pensent tout bas : « Si la simple constatation du sexe biologique d'une personne est considérée comme criminelle, c'est que la liberté d'expression et d'opinion est gravement menacée en Écosse. » À ce titre, ce livre serait très probablement interdit en Écosse (comme ailleurs en Grande-Bretagne, chaque région s'étant munie d'une loi sur le « *hate speech* »), puisqu'il se trouvera toujours un illuminé pour se prétendre offensé par tel ou tel propos. Eh oui, la vérité blesse les imbéciles.

C'est que nos progressistes (entendez, dans le contexte de mots à l'envers qui est le nôtre, ceux qui sont partisans du grand retour en arrière, et échangent les Lumières pour une obscurité totale) ignorent apparemment ce qu'est la taqîya : il est permis de mentir à un Gentil pour le rouler dans la farine.

Les enseignants ont une responsabilité passive dans cette déroute. Après tout, ce sont leurs élèves qui à 43 % des 18-30 ans sont favorables au port d'insignes religieux et qui à 75 %, dans la même tranche d'âge, considèrent qu'il faut respecter les religions pour ne pas offenser les croyants : bientôt le grand retour du délit de blasphème ! J'ai expliqué plus haut les contorsions intellectuelles et les redditions en rase campagne qu'implique, au jour le jour, le « respect des religions ».

Et quand ils ne s'opposent pas carrément aux directions qui conformément aux instructions ministérielles interdisent le port de l'abaya, ils se battent aujourd'hui pour qu'un imam expulsé de France revienne dans notre pays toucher ses allocations.

Il est temps qu'on ne recrute plus que des postulants qui auront fait le serment de défendre et d'enseigner la laïcité, qui confinent les croyances religieuses dans la vie privée et interdisent leur exportation dans la sphère publique, particulièrement dans ces lieux réservés au savoir que sont les établissements scolaires – au savoir, non aux superstitions.

12

Le bantoustan français

L'abaya n'est qu'un symptôme, une stratégie vestimentaire, comme le voile. La cause du malaise français, c'est le démantèlement de ce qui fut jadis une République « une et indivisible ». Éclatée en « communautés », la France n'a plus d'ambition d'assimilation, ce qui fut le cœur de son destin au fil des siècles.

Je sors de chez moi, à Marseille. Cent mètres plus loin, c'est le bas de la Canebière : foulards islamiques, abayas, djellabas, burqas parfois et autres tenues outre-marines envahissent l'espace et s'y déplacent comme chez eux. Ici, une femme sur trois est voilée, un homme sur quatre affronte en babouches la crasse de la rue. On entend parler essentiellement ce nouveau créole fait de bouts de français, de quelques mots d'arabe, de langues berbères et africaines et d'interjections.

Je devrais m'en fiche. Après tout, je vis dans une ville dont un quartier s'appelle les Catalans, dont la rue Paradis et Beaumont sont peuplés de descendants d'Arméniens, où les juifs séfarades sont légion, où les ex-Corses dans mon genre pullulent, où Kurdes et Turcs se regardent en chiens de faïence tous les samedis sous l'ombrière du Vieux-Port. Une ville fondée par des Grecs, peuplée de Gaulois, de Romains, de barbares divers et de toutes les nations de la Méditerranée. Que me chaut ?

Le problème, c'est que, des siècles durant, ces étrangers qui bourlinguaient dans tous les dialectes et apprenaient par hasard des bouts de provençal faisaient de leur mieux pour s'intégrer, dès qu'ils choisissaient de se sédentariser. Ils envoyaient leurs enfants à l'école, entraient dans l'administration, la marine ou l'industrie – et faisaient souche. Ainsi se construit un grand peuple.

C'est d'ailleurs un mélange de toutes ces origines qui en 1914 partit sur le front de l'Est – les monuments aux morts en témoignent.

Posons d'emblée une question qui fâche : combien de Marseillais aujourd'hui – j'entends, de gens qui vivent dans la cité phocéenne, qu'ils y soient nés ou non – seraient prêts à mourir pour la France ? Combien pour réciter ces vers de Corneille :

Mourir pour le pays est un si digne sort
Qu'on briguerait en foule une si belle mort. (*Horace*, II, 3)

Combien pour résister comme les acolytes de Manouchian ? Combien pour entonner *La Marseillaise* ?

Ça a commencé avec Christian Karembeu, refusant au nom des Kanaks de chanter l'hymne de la République : il aurait dû être viré immédiatement. Lui, et tous ceux qui boudaient ostensiblement l'hymne national. Avez-vous remarqué, ces jours-ci, que les joueurs de rugby n'ont aucun problème avec *La Marseillaise* ? Le foot est le sport faisandé d'enfants gâtés pourris.

Libé, en revanche, a un problème avec le rugby. Toute la gauche conformiste (pléonasme !) est tombée comme un seul homme sur la pantomime qui, à l'ouverture de la compétition, a mis en scène un Jean Dujardin à béret et une Française d'opérette. « Allez la Rance ! » a titré cet organe indiscret de l'islamo-gauchisme – l'internationalisme libéral s'est glissé sans encombre dans les habits douteux du trotskysme. « Carte postale sépia d'une France qui sent la naphtaline… » Le journal fondé par Sartre a-t-il la moindre idée de la France qui joue au rugby ? Ses journalistes passent-ils le périphérique ?

Cela avait commencé en 2002 lors d'un France-Algérie de sinistre mémoire, où *La Marseillaise* fut carrément huée par l'assistance à majorité maghrébine. Chirac avait choisi de partir. Il aurait dû faire évacuer le stade et ne réintégrer les spectateurs qu'après leur avoir fait passer un examen de bonnes mœurs patriotiques. Comme les Siciliens lors des Vêpres siciliennes, pour trier les vrais insulaires et les Normands envahisseurs. Même si je ne suis pas partisan des mesures extrêmes adoptées alors à Palerme et ailleurs.

Que des Algériens soutiennent l'équipe de leur pays, à la bonne heure ! Mais que des descendants d'Algériens, immigrés de troisième ou quatrième génération, qui ont bénéficié de l'école publique française, ou de ce qu'il en reste, en fassent autant, alors qu'ils sont Français, c'est une autre histoire.

C'est la nôtre. Incapables d'intégrer à la nation les enfants qui nous sont confiés, grâce à des programmes absurdes, des profs manipulés par les pédagogues qui les (dé)forment, des associations financées par le ministère qui viennent faire des « interventions » dans les lycées et collèges pour vendre l'intersectionnalité des fantasmes, et des salafistes qui œuvrent de plus en plus à visage découvert, les petits Français d'origine étrangère retournent à leurs pseudo-racines (ils sont nés ici dans leur immense majorité), comme des vignes mal taillées retournent à la jungle. Comme les enfants livrés à eux-mêmes, dans *Sa Majesté des Mouches*, retournent à la barbarie.

C'est sur le front de l'Éducation que nous avons perdu la guerre. Nous devons lancer une contre-offensive et prêcher désormais la tolérance zéro. Tu tiens à venir en abaya ? Ta prime de rentrée est supprimée. Tu refuses de faire des devoirs parce que c'est le ramadan ? Ta bourse est supprimée. Tu te lances avec les autres racailles de ton quartier dans des opérations de soldes sauvages ? Tes allocs sont indéfiniment différées. Le facteur économique est déterminant en dernière instance, comme disait le regretté Karl Marx.

Certes, un détenu sur quatre, en France, est étranger. Mais cela ne représente guère que dix-huit mille personnes – qui encombrent les prisons parce qu'elles n'usent pas de la possibilité de libération préventive, de peur d'être renvoyées dans leur pays d'origine. Lequel rechignerait d'ailleurs à les reprendre : imaginez-vous que Cuba aurait accepté de récupérer les voyous que le gouvernement castriste a expédiés aux États-Unis ? Rappelez-vous le début du *Scarface* de Brian De Palma.

Faire porter aux seuls immigrés (au sens plein du terme) la responsabilité de la décadence française est une hallucination qui a coûté cher à Éric Zemmour à la dernière présidentielle et aux récentes élections législatives. Toute monomanie se paie cash. Le problème, ce sont les Français. Français de toutes origines, auxquels on n'enseigne plus la langue ni l'histoire de ce cher vieux pays. Que l'on parque dans des collèges-ghettos : au lieu de les trier, de les sélectionner, de les faire passer à la moulinette de l'élitisme républicain, on anéantit leurs chances de briller à grands coups d'un égalitarisme qui a remplacé partout l'élitisme républicain.

Je suis pour une vraie mixité – une mixité pédagogique, par classes de niveau, avec des programmes adaptés, dans le seul objectif d'amener chacun au plus haut de ses capacités. Avec port de l'uniforme au besoin. Et apprentissage de l'hymne national : les petits Américains, pourtant fort diversifiés question ethnies, connaissent par cœur le *Star-Spangled Banner*.

Quant aux profs qui refuseraient de l'enseigner, inscrivons-les à un stage gratuit de cinq ans dans les rizières camarguaises, le temps de faire leur autocritique.

Sinon demain, à Marseille et à Saint-Denis d'abord, et dans toute la France ensuite, la charia vous expliquera de quel bois elle se chauffe – et édifie des bûchers.

13

« Oui, mais les élèves ont changé... »

Les élèves ne sont pas les mêmes, disent les pédagos. À élèves différents, pratiques diverses, ajoutent-ils. Oui – mais ils ne disent pas ce que tous les enseignants constatent : les « apprenants » sont désormais incontrôlables.

Ma consœur Mara Goyet, qui enseigne l'histoire-géographie, s'est fait connaître au fil des années 2000 par des ouvrages pertinents sur le collège et écrits avec moins de hargne que les miens, ce qui la rendit plus fréquentable[1]. Et voici ce que cette dame, qui sait tenir une classe, confiait à Facebook il y a quelques mois :

« C'est une réflexion un peu étrange que je me suis faite hier soir après une heure de cours un peu éprouvante. Je me suis dit que j'allais y repenser après une "bonne nuit de sommeil".

1. Entre autres : *Collèges de France*, Fayard, 2003 ; *Tombeau pour le collège*, Flammarion, coll. « Café Voltaire », 2008 ; *Collège brutal*, Flammarion, coll. « Café Voltaire », 2012 ; *Finir prof. Peut-on se réconcilier avec le collège ?*, Robert Laffont, 2023.

« Depuis deux ou trois ans, j'ai le sentiment qu'un verrou a sauté. Une partie des élèves nous parle de plus en plus mal. Comme on ne parle ni à un professeur ni à un adulte. Comme on peut sans doute parler à ses parents en pleine crise d'ado. Et encore.

« C'est un mélange de mépris, de contestation, de plainte et de dénonciation de grave injustice. Dans ces moments-là, l'enseignant est à la fois rien et un bourreau. Ce qui est le plus étrange, c'est que cela peut venir d'élèves que l'on a aidés, que l'on aime bien, avec lesquels on peut tout à fait avoir un lien. J'ai vécu l'an dernier ce retournement de manière spectaculaire avec une élève que j'aimais et soutenais beaucoup.

« J'enseigne depuis vingt-sept ans dont onze ans en ZEP, je ne découvre donc pas la potentielle violence de certains élèves. Mais là, j'ai le sentiment que c'est un peu différent. Il ne s'agit pas d'altercations ni de confrontations. Cela peut se dérouler dans un contexte serein et cela ne prend pas forcément l'aspect d'une crise. »

Et de s'enquérir : « Vous avez des idées ? »

Ses pistes personnelles ne sont pas à négliger : « L'idée qui m'est venue hier, c'est qu'il y a un lien avec l'assassinat de Samuel Paty. Si la majorité de l'opinion voit désormais le courage, la solitude et l'investissement des enseignants, une autre a pris toute la mesure de leur vulnérabilité. Certains élèves n'aiment pas les victimes. Le terme est une insulte. Une faute. Une faiblesse. Une victime se doit donc d'être victimisée ou méprisée (elle est responsable de son état ; prof est un métier de lâche ; d'ailleurs, lors des minutes de silence pour Samuel Paty, les élèves sont en général polis, mais beaucoup ne semblent pas spécialement concernés). Quand on ne se laisse pas faire, il y a un retournement immédiat qui consiste à se victimiser soi-même ("pourquoi moi", "qu'est-ce que j'ai fait", "pourquoi c'est toujours moi", "ça se fait pas"). »

J'ai fait ma petite enquête auprès des collègues en exercice dans des zones difficiles – mais qui ne sont pas forcément labellisées ainsi.

L'une met en cause le confinement – une erreur fatale que je m'abstiendrai de commenter ici : en deux ans d'école supprimée ou bancale, les élèves ont perdu l'habitude d'écouter, voire tout simplement d'être assis. Ils s'étonnent encore de ne pas pouvoir se lever au milieu du cours pour aller chercher un Coca dans le frigo.

Une autre pense à l'extrême féminisation du corps enseignant. Et de préciser – pour mettre les points sur les *i* : « Quand j'étais en collège en banlieue parisienne, il y a une bonne quinzaine d'années, les collègues femmes et moi avions déjà nettement plus de problèmes de discipline (ou même de statut) que les "collègues hommes". Et oui, c'est certainement lié aussi (pas seulement, mais aussi) à un certain type de public qui a une relation particulière aux femmes et carrément compliquée aux "femmes de savoir". » Jean-Louis Auduc a écrit sur le sujet des livres passionnants, expliquant que l'absence, pour les garçons, d'un modèle d'identification, puisqu'ils n'ont plus en majorité que des filles face à eux, bloquent les meilleures volontés. Quant aux pires...

Une autre, qui enseigne en classe préparatoire aux grandes écoles (CPGE), note : « Il y a certainement aussi une perte de limites, d'autorité, que mes collègues de prépas scientifiques constatent désormais, y compris avec les élèves de ces prépas en cours de maths ou physique. En français ou philo, c'était habituel depuis que j'y suis (quatorze ans) et cela s'est aggravé. Mais je l'imputais au fait de ne les voir que peu, d'être une matière à faible coefficient – comme la musique ou le dessin en collège... Mais donc les élèves qui n'écoutent pas, ne bossent pas et de surcroît contestent (et s'imaginent qu'ils sont brillants), il y en a désormais en prépas... »

Enfin, telle enseignante en IUT se trouve en butte à l'hostilité pas même camouflée des musulmans locaux qui ne tolèrent pas qu'une femme leur enseigne quoi que ce soit. Quand de surcroît elle a les cheveux courts, on l'identifie immédiatement comme « gouine », ces adorables bambins adultes n'étant jamais à court de clichés sexistes.

J'ajouterai la prépondérance éducative, à la maison, des théories (et pratiques) de l'enfant-roi, qu'il soit considéré comme doté d'un haut potentiel intellectuel (forcément, puisqu'il est intenable) ou tout simplement comme le petit mâle auquel ses sœurs et sa mère doivent obéir. La gifle se fait rare, la fessée est proscrite. Il en est à la maison comme à l'école : désormais, on écoute ce que le petit morveux croit avoir à dire. Et ce qu'il dit, ce sont les idées reçues dans sa famille et dans son quartier. *Asinus asinum fricat.*

Les raisons d'une déconfiture ne sont jamais uniques. Elles sont multifactorielles. Mais il y a un axe de lecture qui n'a pas été pris en compte dans cette recherche des causes d'ensauvagement : c'est le facteur temps. L'évolution vers la sauvagerie et la bestialité n'a pas été régulière. Elle s'est singulièrement accentuée depuis quelques mois.

Certes, la situation s'est lentement dégradée depuis une dizaine d'années. Le confinement a donné un coup d'accélérateur. Mais au fur et à mesure que l'on a repris en main les élèves laissés en jachère pendant deux ans, cela aurait dû se tasser. Or, la situation s'est brutalement aggravée à la rentrée de septembre 2023, plus encore à celle de janvier 2024.

Début septembre, certains élèves étaient encore dans l'exaltation de leur joli coup de pseudo-émeute et de vrais pillages du début juillet 2023. Ils avaient fait entendre leur puissance collective, face à des forces de l'ordre qui n'osent plus réagir et ont d'ailleurs l'ordre de rester passives.

Depuis début janvier 2024, c'est bien pire. En cause, le parti pris pro-Gaza de nombre d'élèves musulmans. Déjà qu'il fallait gérer ceux qui niaient la Shoah (une invention des juifs, comme chacun sait), il faut désormais faire avec ceux qui affirment que les horreurs perpétrées par les terroristes du Hamas sont un pur mensonge israélien.

Encouragés par des leaders politiques qui ne savent plus où ils ont rangé leur gauche, ils arrachent les photos placardées d'otages israéliens et se lancent dans des campagnes de manifestations systématiques – tous les samedis. Et je passe sur les déferlantes de graffitis et autres bombages.

Spontanées, ces manifestations hurlantes ? Je n'en crois rien. Celles qui se déroulent dans la rue, avec haut-parleurs, banderoles et musique, sont soigneusement préparées. Aucune improvisation. Un orchestre clandestin s'est saisi de cette opportunité pour lancer à l'assaut de notre civilisation en général et de l'École en particulier des hordes à intellect minimal et pulsions chauffées à blanc. Le moindre incident, la moindre mauvaise note, la moindre contestation de leur pouvoir de brutes sont autant de prétextes à protestations violentes, qui infailliblement amènent les parents à faire chorus avec leurs chers bambins si malmenés par le « système ». Les agressions contre les surveillants, l'administration et les enseignants ne se comptent plus – sinon, chaque semaine, sur les cinq doigts de chaque main. On n'enseignait plus, depuis longtemps, qu'en atmosphère tendue. On ne bosse plus désormais qu'en atmosphère survoltée. En fait, on ne travaille plus du tout.

Il en est des élèves comme des supporters de foot (ce sont d'ailleurs souvent les mêmes) : ils s'alignent sur le comportement et les vociférations des plus bêtes – et le terme de « bêtes » n'est pas gratuit : ils ont renoncé au langage, ils sont passés à l'étape du cri inarticulé, et désormais l'étape suivante est le coup porté avec une spontanéité touchante… Après « À mort l'arbitre ! », on est passé à « À mort le prof » – et Samuel Paty ou Dominique Bernard portent témoignage du fait que ce ne sont pas des métaphores.

Alors, je pose une question très simple : jusqu'à quand les autorités tolèreront-elles que l'on assassine des enseignants – et continueront-elles à s'étonner que l'on ait des problèmes de recrutement ?

Dernier point. Les cours d'« empathie », dans ces circonstances, risquent fort d'avoir un effet négatif. Les proies, désignées à la collectivité, ne connaîtront aucun apaisement. Et les enseignants, qui ne sont pas partie prenante de l'empathie universelle, paieront les pots cassés des hormones réfrénées : le harcèlement vis-à-vis des profs, qui est le fait des élèves *et* des parents, qui *via* Pronote envoient des messages insultants aux enseignants et à leur hiérarchie, parfois en pleine nuit, est en expansion lourde. On sait comment cela peut finir.

Quant aux groupes de niveau que devrait générer la fin du collège unique, ils risquent, s'ils ne sont pas gérés d'une main légère et avec beaucoup d'intelligence, avec des passerelles d'un groupe à l'autre tout au long de l'année, d'enfoncer les élèves les plus turbulents – qui sont neuf fois sur dix les plus faibles – dans une spirale descendante. Ils commenceront par dire : « Je suis parmi les nuls parce que je suis noir / maghrébin / manouche. » Et ils se vengeront. Ils savent qu'ils peuvent compter sur leurs parents et sur leurs « grands frères ».

Interrogations abyssales. C'est peut-être la raison pour laquelle Mara Goyet, après avoir émis des questionnements fondés, a supprimé de sa page tout ce que j'ai reproduit ici – et que j'avais sauvegardé immédiatement après parution.

14

Empathie mon cul, dirait Zazie…

Gabriel Attal a décidé, pour combattre le harcèlement, de faire donner entre une et deux heures de cours d'empathie aux élèves. Un concept venu tout droit du Danemark et des États-Unis, où on se serre dans ses bras en émettant tout ce que l'on peut d'ondes positives.

L'Éducation nationale, c'est formidable. Faute d'avoir une ligne claire – on instruit les élèves et on compte sur les Lumières ainsi prodiguées pour contrebalancer les horreurs entendues au sein des familles, des « communautés » et des ghettos –, on ajoute et on surajoute des heures de remédiation chaque fois qu'un problème se pose.

Les élèves sont trop gros ? Au lieu d'augmenter le nombre d'heures de sport, en le rendant vraiment obligatoire – y compris la piscine pour les filles que cela dérange sous des motifs à 90 % religieux – et en y restaurant le culte de la performance, ce qui ne choquera pas des enfants gavés de compétitions et de classements, on initie les gosses à la gastronomie, sous couleur de combattre la malbouffe.

Ils se font écraser à la sortie de l'école ? Vite, une formation « permis de conduire ». Ils maltraitent ceux d'entre eux qui sont présumés homosexuels, molestent les obèses, humilient les plus faibles et forcent les filles, dans les toilettes, aux complaisances que vous imaginez, prestations qu'ils filment et s'envoient les uns aux autres pendant les cours ? On décide de leur distiller des cours d'empathie. Et l'on publie sur le site d'Eduscol un « kit pédagogique pour les séances d'empathie à l'école[1] ».

L'empathie, c'est, à partir de racines grecques, ce qu'est la compassion à partir de racines latines. Compatir, c'est littéralement souffrir avec. Quelque chose comme les Alcooliques anonymes…

Mais « compassion », cela sonnait exagérément chrétien, ce qui la fiche mal dans un pays tenté de renoncer à « joyeux Noël » et qui se réfugie derrière l'euphémisme « joyeuses fêtes ». Donc, empathie. C'est le même mot en anglais (*empathy*) et, justement, en danois (*empati*). *Give me a hug* – on s'enlace et on est en empathie. Si tous les gars du monde – on connaît la suite…

Sauf que les harceleurs sont très forts sur l'empathie. Ils sentent d'une heure au loin les faiblesses de leur proie potentielle (c'est le principe de tout prédateur,

1. https://eduscol.education.fr/document/53961/download?attachment.

repérer le buffle ou le gnou plus faible dans le troupeau). Eh bien, si jamais ils ne l'ont pas senti, on va désormais le leur signaler.

Imaginons un cours où l'on expliquerait : « Kevin (ou Mohamed, ne stigmatisons personne), sois gentil avec Charles-Édouard, il est plus faible que toi, il court moins vite, il a de petites manières que d'aucuns qualifieraient de “féminines”, juste parce qu'il est bien élevé, peut-être préférera-t-il les garçons plus tard, mais c'est très mal de ne pas être *gay friendly*… »

Gabriel Attal a raconté avoir été la cible, à l'École alsacienne, de ce petit harceleur de Juan Branco. Pensez-vous sérieusement qu'un cours d'empathie aurait suffi à extirper de la tête d'un petit caïd l'idée qu'en massacrant l'un de ses camarades il se glorifie lui-même – et éloigne de lui toute suspicion ? Parce que c'est souvent la clé du *gay bashing*, comme on dit depuis qu'on ne parle plus français : passer pour un surmâle au moment même où l'on a des doutes sur sa propre sexualité.

« Cet âge est sans pitié », disait fort bien La Fontaine (dans « Les Deux Pigeons »). Les enfants sont naturellement violents. Ce sont des bouquets de pulsions, parce qu'ils nous arrivent dans l'état de nature, affirmait ce crétin exemplaire de Rousseau – qui s'est fait pas mal harceler par Diderot, d'Alembert, Voltaire et *tutti quanti*. Quand on dit des grosses bêtises devant des gens intelligents, on paie *cash*.

(Il est significatif, quand vous entrez dans le Panthéon, que vous trouviez face à face les cendres de

Voltaire et celles de Rousseau. Face à face, condamnés pour l'éternité à un vis-à-vis qu'ils n'auraient souhaité ni l'un ni l'autre. Image de la pédagogie : d'un côté, l'idée que l'état de nature est délicieux et que la société corrompt les hommes ; de l'autre, la certitude que la société redresse les hommes. On n'en sort pas.)

Le boulot des enseignants est de *dénaturer* l'enfant, de le redresser en l'*instituant* : en latin, *stare* signifie « se tenir droit », c'est ce qui a donné « tuteur » et « instituteur ». Sentez-vous les mains de votre vieil instit' qui appuyait sur vos omoplates ? « Jean-Paul, tiens-toi droit ! » Et dans cette injonction, il y avait bien sûr la rectification de la position, mais aussi l'obligation de sortir des pensées tordues qui sont naturellement celles des gamins.

C'est par la culture tous azimuts que l'on sort de l'état de nature. Ce n'est pas en tentant de culpabiliser le harceleur – qui s'en fiche bien ! Chez lui, il est enfant-roi, il tyrannise sa mère et ses petites sœurs, il est un dictateur à l'échelle domestique, prêt à s'élancer sur le théâtre du monde. Tous les anciens harcelés n'ont pas la chance d'être ministre de l'Éducation. Il en est qui se suicident, on l'a vu récemment, on le voit tous les jours.

Et, mesure essentielle, s'il faut effectivement renvoyer les coupables séance tenante (et non le harcelé, comme trop souvent aujourd'hui), il faut aussi se soucier de l'endroit où on les réinscrira – c'est leur droit, jusqu'à seize ans. Je préconise l'inscription forcée dans un autre établissement loin, très loin de leur famille, de leurs « grands frères », de leur quartier. À charge pour leurs parents de les y conduire le matin, ou, mieux, de les y laisser. Dans l'un de ces internats d'excellence créés sous le ministériat de Luc Chatel, où on leur apprendra, avec des mesures intelligemment coercitives et une tolérance zéro, que le harceleur d'hier peut devenir à son tour victime – comme Alex dans *Orange mécanique*.

Lisez donc *Aux champs*, ce petit chef-d'œuvre de Maupassant. Vous y apprendrez que décidément l'éducation peut tout, si elle consent à forcer la nature de l'enfant.

15

Racisme, culpabilisation et victimisation

Je rendais ce jour-là des dissertations, énonçant seulement le nom de l'élève afin d'aller à lui pour lui donner sa copie. Je n'ai jamais annoncé les notes à voix haute : je laisse à chacun le droit de faire sa publicité, positive ou négative. L'élève qui venait de recevoir son dû – et ça ne pesait pas lourd – a immédiatement protesté :

— C'est parce que je suis noir que vous me sacquez, m'sieur ?

— Non, mon cher. C'est parce que c'est nul. Et avec ce que vous venez de dire, vous avez cette fois touché le fond.

Ce qui l'a conforté dans ses certitudes : je notais selon la couleur de peau du client. Que quelques Gaulois, ou prétendus tels, l'accompagnassent dans les tréfonds du classement lui importait peu. Il se sentait discriminé. Et à bien fouiller sa pensée, il croyait sans doute que sa couleur de peau, qu'il venait de me faire remarquer alors que je n'y pensais pas, devait lui valoir mon indulgence, voire quelques points d'avance au nom de la discrimination positive.

Cela se passait dans une classe de préparation à l'Heptaconcours des Sciences Po de province, où notre équipe du lycée Thiers parvenait à faire réussir, bon an mal an, 50 % d'une classe recrutée dans les trois lycées ZEP de Marseille. Des établissements tous situés dans ces « quartiers Nord » qui égaient régulièrement l'actualité criminelle. Les autres entraient – sur concours aussi – à Kedge Business School, une école de commerce et management régulièrement classée dans les cinq meilleures formations françaises. Un vrai concours, anonyme, sans avantage acquis au nom de la seule mixité sociale : nous réalisions une vraie mixité pédagogique, en montant le niveau de ces jeunes gens au niveau des exigences des concours.

À cette époque, vu la diversité ethnique de la classe à laquelle j'enseignais les rudiments d'une vraie culture générale, je commençais souvent l'année en balançant pleine face le discours du sergent Hartman, au début de *Full Metal Jacket* – avec quelques modifications mineures pour l'adapter à la situation : « Je suis Jean-Paul Brighelli, votre prof de culture générale. À partir d'aujourd'hui, vous ne parlerez que quand on vous parlera, et les premiers et derniers mots qui sortiront de vos sales gueules, c'est “oui, m'sieur”, tas d'punaises. Est-ce bien clair ? »

Je vous laisse imaginer la qualité du silence. Après l'avoir savouré, je reprenais : « Si vous ressortez de chez moi, les louloutte s, si vous survivez à mon instruction, vous deviendrez une arme, vous deviendrez un prêtre de la culture. En attendant ce moment-là, vous êtes du vomi, vous êtes le niveau zéro de la vie sur Terre. Vous n'êtes même pas humains, bande d'enfoirés ! Vous n'êtes que du branlomane végétatif, des paquets de merdes d'amphibiens, de la chiasse ! Parce que je suis une peau de vache, vous me haïrez… mais plus vous me haïrez et mieux vous apprendrez. Je suis vache, mais je suis réglo ! Aucun sectarisme racial ici. Je n'ai rien contre les négros, ritals, youpins ou métèques. Ici vous n'êtes tous que des vrais connards, et j'ai pour consigne de balancer toutes les couilles de loups qui n'ont pas la pointure pour réussir. Tas de punaises, est-ce que c'est clair ? »

Il y a douze ou quinze ans, il y avait toujours un loustic qui repérait la référence et répondait : « *Sir, yes, sir !* » – ce qui faisait rire tout le monde et détendait l'ambiance toujours un peu compassée du premier cours. C'était l'objectif.

Plus récemment, j'ai renoncé à cette entrée en matière, plus personne ne comprenant le second degré. Un trait caractéristique de la génération Z comme zéro.

« Je n'ai rien contre les négros, ritals, youpins ou métèques… » Je le dis ici hautement : je n'ai jamais *vu* qu'un élève était homme ou femme, blanc ou noir, marseillais ou martien. Ils n'existent à mes yeux qu'en fonction de leurs aptitudes et de leurs réalisations. Comme dit à peu près Sartre : « On est ce que l'on fait » – et l'on n'existe pas *préalablement*, en tant qu'élève. Je peux, hors cours, m'intéresser au cursus, à l'histoire familiale, aux traumatismes vécus par les uns et les autres. Mais en règle générale, je n'en ai jamais fait grand cas. Le fait qu'Untel arrive d'une fratrie de douze enfants – la norme parmi mes élèves comoriens – est-il plus ou moins traumatisant que la dérive en mer de Chine, pendant deux semaines, des réfugiés vietnamiens que j'ai eus en cours à la fin des années 1970, et qui un an plus tard étaient parmi les meilleurs élèves ? Nous sommes mauvais juges de ce qui est handicap ou non.

Mais dans la culture de l'excuse que l'on cherche à nous imposer, tout est handicap, tout est prétexte. Nous sommes entrés, depuis que décolonialisme et indigénisme sont montés sur le même bateau, dans une ère victimaire insupportable. Le Blanc est mis au banc des accusés par les « racisés » (percevez-vous comme moi ce qu'a de profondément raciste une telle dénomination, utilisée couramment par les organisations d'extrême gauche ?). Il est porteur de tous les crimes de Caïn. Et si par malheur il est juif, il est blanc au carré – voir *Les Blancs, les Juifs et nous*, le livre pas du tout raciste de Houria Bouteldja, l'égérie du Parti des Indigènes de la République, dont on se demande bien pourquoi il n'est pas interdit pour incitation à la haine raciale. « Sale juive » est l'injure courante des gentils garçons basanés qui agressent les filles non voilées dans ma ville. Et les violent, parfois[1].

1. Écrit en mai 2024, avant l'horreur infligée par trois garçons mineurs à une enfant de 12 ans à Courbevoie, qui l'ont traitée de « sale juive » avant de lui faire subir des outrages appris sur les flux pornographiques du Net.

Et comme l'une d'elles se rebellait, il y a trois ans, elle a été ceinturée par un passant qui lui a lancé : « Mais enfin, mademoiselle, il faut les comprendre, c'est leur culture... »

Que les Arabes et les Noirs aient été, bien plus que les Européens, responsables de la traite des Africains est indicible : ainsi le veut la loi Taubira, exemple sidérant de mainmise du pouvoir sur l'Histoire et son enseignement. Que les Arabes aient joint à la traite la délicate attention de châtrer les hommes – ce qui explique le petit nombre de Noirs en Arabie, alors que les planteurs nord-américains ou brésiliens n'avaient pas eu l'idée d'en faire autant, préférant laisser leurs serviteurs proliférer pour leur plus grand profit – n'intéresse visiblement pas les organisations antiracistes : on passe sur bien des horreurs, au nom de l'intersectionnalité des luttes.

Tout comme les néoféministes et autres « chiennes de garde » évacuent d'un geste négligent le fait que des millions de femmes sont obligées de cacher leur corps, leur visage, leurs cheveux, de ne pas conduire ni d'aller à l'école et d'épouser des hommes qu'elles n'ont pas choisis – et éventuellement d'endurer des mutilations génitales rituelles. Le Blanc est le mal – l'exciseur, non, puisqu'il est racisé... Sachez qu'il n'y a pas de raciste noir, ni, par conséquent, de racisme anti-Blanc, puisque seul le Blanc est raciste, par définition. Même Victor Schoelcher, dont les statues ont été brisées en Martinique, et renversées en Guyane.

Le plus drôle, c'est que nombre de Blancs finissent par intérioriser cette culpabilité, avouent des fautes imaginaires et plient le genou devant les émules d'Assa Traoré, qui a fait de cette incitation à la repentance blanche un lucratif marché. Il y a même des petites blondinettes bouffées de culpabilité qui s'offrent à des grands Noirs, parce qu'elles ont vu ça sur xHamster.com. Et qu'elles se repentent, oh oui ! à deux genoux.

Sartre, dans *Réflexions sur la question juive*, expliquait avec pertinence qu'il est inutile de discuter avec un raciste parce que, dit-il, « il a la conviction des pierres » – et on ne convainc pas un menhir. Il faut lui taper dessus, longtemps, jusqu'à ce qu'il s'effrite. On ne convainc pas un croyant – et le wokisme fonctionne comme une religion. Le risque est que l'on fasse avec ces « éveillés » comme les Florentins avec Savonarole, dont ils sont les émules.

16

Le choc Pisa

Un grand nombre de pays – ceux qui ont décrété dans l'affolement la suspension des cours sous prétexte d'une épidémie qui n'a touché ni les élèves ni les enseignants – dévissent dans la dernière enquête Pisa (Programme international pour le suivi des acquis des élèves) réalisée en 2022. Oui, mais les « tigres » du Sud-Est asiatique (et quelques pays à jacobinisme dur, comme l'Estonie) non seulement résistent, mais s'améliorent. Les conditions d'enseignement et les programmes débilitants sont-ils cependant seuls responsables du « choc » Pisa ?

En 2000, après la parution de la première enquête Pisa, l'Allemagne s'effara. Sous l'effet du choc, elle décréta une série de mesures qui permirent à l'école d'outre-Rhin de regagner les places perdues. C'est que les Allemands vivaient dans le mythe de l'École instituée par Bismarck dans les années 1860 – une École de grande qualité qui permit à l'armée prussienne d'enfoncer les Français en 1870. Ferdinand Buisson, futur grand conseiller de Jules Ferry (les lois Ferry, c'est lui, et pas le politicien corrompu dont elles portent le nom), transposa les règles de cette école en France. Et la structure implacable du système scolaire de la IIIe République permit à la France de remporter la guerre de 14-18 et de développer son industrie au même niveau que son puissant voisin : l'Exposition universelle de Paris en 1889 en fut la démonstration éclatante, la tour Eiffel fut un symbole assez éclatant pour que l'on décide de la pérenniser, alors qu'on devait la démonter.

L'École vit de mythes, comme les nations. En 2000, en Allemagne, le mythe bismarckien était toujours vivace. En 2023, le mythe républicain en France est l'ombre d'un zombie. À part les enseignants « républicains », attachés à la transmission des savoirs, le gros des troupes a adopté le délitement général produit par les chocs successifs – et bien réels – du collège unique en 1976, de la loi Jospin en 1989, du Protocole de Lisbonne en 2000 et de la réforme Vallaud-Belkacem en 2016. Sous ces coups de boutoir accumulés, que reste-t-il du mythe, jadis propagé par Péguy, des « hussards noirs » de la République ?

Et soudain l'École allemande, en 2023, s'effondre à nouveau. Quel mauvais génie… ?

Écoutons ce qu'en disent les Allemands : « Le système scolaire allemand reste particulièrement injuste sur le plan social, constate Silke Fokken du *Spiegel*. Les performances des élèves dépendent davantage de leur origine sociale que dans la plupart des autres pays de l'OCDE. L'effet de l'immigration est également supérieur à la moyenne. » Comme le souligne Emmanuel Berretta dans *Le Point*, « l'Allemagne s'est montrée accueillante avec de très nombreux immigrés après la crise syrienne de 2015. La proportion des élèves issus de l'immigration a donc bondi de 13 à 26 % entre 2012 et 2022. Parmi eux, 9 % sont nés à l'étranger et ne sont arrivés que depuis quelques années (2 sur 10 avant l'âge de 5 ans et autant après l'âge de 12 ans). Cela se ressent dans l'apprentissage. En mathématiques, les enfants d'immigrés enregistrent 59 points de moins que les autres, une différence qui correspond à l'équivalent de trois années scolaires. Des résultats "alarmants", selon les termes des analystes éducation de l'OCDE. » Eh oui : quand l'enfant ne parle pas allemand à la maison, il est pénalisé à l'école. « L'immigration pose donc un défi énorme au système éducatif allemand, relèvent les journaux allemands, dont *Die Welt*[1]. »

Ce n'est pas l'extrême droite qui proteste, c'est le principe de réalité qui revient pleine face.

En France, ce décrochage dû à une immigration massive a eu lieu à la fin des années 1970, par la grâce conjuguée du collège unique et, la même année, du regroupement familial. Nous avons vu arriver en classe, où ils entraient sur le seul critère de l'âge, des dizaines de milliers de jeunes Maghrébins. Personne

1. Emmanuel Berretta, « Étude Pisa : la dégringolade scolaire frappe aussi l'Allemagne », *Le Point*, 6 décembre 2023.

ne me fera dire qu'ils étaient moins intelligents que les petits Français. Mais ils ne parlaient qu'un français illusoire, qui ne leur permettait pas de comprendre les cours de lettres – et tous les enseignements où il faut lire et saisir un énoncé.

Nous ne sommes jamais remontés de cette dégringolade. Plutôt que de tenter de la freiner, en détachant par exemple ces élèves en grande difficulté pour leur administrer des cours de français langue étrangère dans des établissements dédiés, nous avons préféré les noyer dans le *melting pot* de la « massification ».

Remarquons au passage que les pays qui caracolent en tête du classement – Chine, Japon, Corée, Singapour et Estonie – sont peu touchés par l'immigration : la plupart d'entre eux ont cadenassé leurs frontières il y a bien longtemps. Cela donne aux débats sur la « loi immigration », en 2024, un aspect incongru. Soit nous acceptons des étrangers et nous les formons en les dépaysant complètement – y compris en les éloignant pendant quelques années de leur famille, de leur ghetto et de leurs « grands frères » ; soit nous continuons la dégringolade scolaire au nom des grands principes. Joachim Le Floch-Imad a bien raison de dire dans *Le Figaro* que l'immigration est aujourd'hui le grand tabou français en matière d'éducation : « Les résultats scolaires des jeunes issus de l'immigration sont tout d'abord nettement inférieurs à la moyenne, ce qui contribue à notre déclassement dans les études internationales. Cela favorise par ailleurs l'hétérogénéité des classes, déjà importante du fait de la massification, et conduit dès lors de nombreux professeurs à aligner leurs exigences sur le niveau des plus faibles. L'ensemble des statistiques à notre disposition accrédite ce constat[1] », précise-t-il.

La proposition de Gabriel Attal de revenir sur le collège unique en instituant des classes de niveau n'est pas, quoi qu'en disent les amateurs de désordre, une mauvaise idée, mais elle risque de se heurter à la réalité du terrain. Pour que ça marche, il faut que les élèves les plus faibles soient regroupés dans des classes à faible effectif, avec des horaires renforcés. Où allons-nous trouver les enseignants capables de les prendre en charge, alors que les jurys renâclent à recruter les ânes bâtés qui se présentent devant eux ?

J'ai peur – c'est un euphémisme – que les conseillers du ministre, qui font de l'excellente communication, ne connaissent rien à la réalité de l'École. Et qu'aux effets d'annonce succède un néant pédagogique. Mais après tout, en 2027, quand paraîtra la prochaine étude Pisa, qui ira reprocher au maire de Paris, Gabriel Attal, les errements de ses successeurs ?

1. Joachim Le Floch-Imad, « L'immigration, ce tabou dans l'effondrement du niveau scolaire en France », *Le Figaro*, 7 décembre 2023.

17

Mort du français, mort de la France

Les élèves français sont en déperdition totale. 45 % d'entre eux, à quatorze ans, ne maîtrisent ni la lecture, ni l'écriture, ni les maths les plus basiques, constate le ministère de l'Éducation nationale. Ce n'est pas seulement un problème pédagogique. C'est une civilisation qui se meurt.

Bien sûr, les sceptiques doutent qu'un relâchement sur l'orthographe ou la grammaire puisse marquer la fin d'une civilisation. Mais la question de la langue est centrale. Elle est le marqueur de toute transcendance – et l'outil de toute immanence.

Autrefois, c'était le latin – la langue de Dieu, disait saint Jérôme, auteur de la *Vulgate*, la traduction unifiée de l'Ancien et du Nouveau Testament. C'était aussi la langue de l'empereur : quand Jérôme écrit, il y a moins d'un demi-siècle que l'Empire est christianisé – en fait, il ne l'est pas encore réellement. Le latin, c'est la langue de l'empereur-Dieu. Le projet politique rejoignait le projet théologique.

Chez les musulmans, c'est l'arabe du Coran, un livre qui ne saurait être traduit et que 90 % des musulmans français, d'ailleurs, sont à peu près incapables de lire dans le texte ; ils se contentent d'ânonner des sourates apprises par cœur, exactement comme au Moyen Âge les prêtres des campagnes disaient la messe sans trop savoir ce que signifiaient les paroles.

C'est dans le même esprit que « la langue de la République est le français ». Le bon français, n'en déplaise aux pédagogues qui, avec l'assentiment du ministère depuis quarante ans, acceptent, sous prétexte de les laisser s'exprimer, le gloubi-boulga des élèves les plus défavorisés.

Vous rappelez-vous François Cavanna ? Ce fils d'Italiens racontait dans *Les Ritals* que sa mère lui lavait la bouche au savon de Marseille quand il se hasardait à parler italien. « Tu es en France, tu parles français » – et il a si bien parlé français qu'il l'a écrit avec virtuosité. C'est en français que s'exprimaient ses bébés, *Charlie* et *Hara-Kiri*. Chance pour lui, il a disparu en 2014, un an avant que ses amis soient assassinés par des tueurs islamistes.

Petites causes, grands effets. Laisser les élèves baragouiner en pataouète augmenté, c'est non seulement leur rendre un mauvais service – car la langue dans laquelle on refusera de les recruter, plus tard, c'est le français –, mais c'est surtout ouvrir la porte aux prophètes de l'innommable.

On habite sa langue. On habite une histoire : peu importe qu'elle nous ait été enseignée à travers une geste héroïque, où la vérité s'embellissait de mythes et de légendes. Les peuples qui renoncent à leurs mythes sont bien près de s'éteindre. En cherchant un professeur d'histoire pour l'assassiner, Mohammed Mogouchkov savait exactement ce qu'il faisait : il tentait d'effacer trois millénaires de civilisation française pour la remplacer par l'islam des caves et du Caucase.

Mais l'islam n'est pas la seule entité hostile au passé. L'Europe est depuis sa création l'adversaire de la République, l'adversaire de toute idée nationale, l'adversaire d'une histoire des peuples au profit d'une histoire des banques. Et ce, depuis Jean Monnet. Pas un hasard si le disciple favori de Monnet, Valéry Giscard d'Estaing, a proclamé ce laminage en règle de l'École qu'on appelle le collège unique – et en même temps le regroupement familial.

Il en ressort que ceux qui, dans l'École, appuient cette politique d'éradication de la France portent une responsabilité terrible, le genre de responsabilité qui en 1793 les aurait envoyés tutoyer la Veuve. On a supprimé les grands hommes auxquels la patrie pouvait bien être reconnaissante, on a vulgarisé la langue, on s'en est pris même à la culture scientifique. Ce faisant, on a laminé la laïcité. Macron a feinté les laïcards pour imposer une vision globale et indifférenciée. Le marché, oui ; la République, non. Qu'importe que les banlieues s'islamisent, pourvu qu'elles consomment.

Car elles consomment – par exemple les smartphones qui permettent aux ravagés de l'intellect de s'envoyer les vidéos du Hamas. Et de s'en réjouir.

Qu'enseigneraient des professeurs d'histoire qui n'iraient pas travailler la peur au ventre ? Eh bien, par exemple, l'analyse de Cornélius Castoriadis : « Les Arabes se présentent maintenant comme les éternelles victimes de l'Occident. C'est une mythologie grotesque. Les Arabes ont été, depuis Mahomet, une nation conquérante, qui s'est étendue en Asie, en Afrique et en Europe en arabisant les populations conquises [...]. L'extension actuelle des Arabes (et de l'islam) est le produit de la conquête et de la conversion, plus ou moins forcée, à l'islam des populations soumises. [...] Je ne crois pas aux bavardages actuels sur la coexistence de n'importe quelles cultures dans la diversité [...]. Il faut sortir de l'hypocrisie généralisée qui caractérise les discours contemporains. Les musulmans ne peuvent vivre en France que dans la mesure où, dans les faits, ils acceptent de ne pas être musulmans sur une série de points. Il est caractéristique que les quelques intellectuels arabes qu'on croyait jusqu'ici pénétrés par les valeurs de la critique et de la réflexion participent maintenant activement à une mythologisation de l'Histoire arabe, dans laquelle les Arabes sont, depuis treize siècles, de blanches colombes et tous leurs maux leur sont infligés par la colonisation occidentale[1]. »

Nous voici loin des obligations idéologiques nées de la loi Taubira. Loin du discours culpabilisant qui accuse de racisme et de néocolonialisme toute personne

1. Cornélius Castoriadis, « Péripéties et illumination », entretien avec Pierre Ysmel, *Humanisme. Revue des francs-maçons du Grand Orient de France*, n° 199/200, septembre 1991.

blanche qui dit la vérité. Nous voici au cœur de ce que devrait être l'École et que des considérations partisanes, le souci de la sacro-sainte intersectionnalité des luttes et des convictions pourries détournent de sa mission : assimiler tous les enfants, quelle que soit leur origine, à la culture française, en les déculturant de simagrées qu'on leur a présentées comme leur culture et qui sont juste des gesticulations obscènes.

La guerre est déclarée. Et dans cette guerre il faudra se battre aussi bien contre l'ennemi extérieur, qui tente de greffer son grand principe d'ignorance sur notre civilisation, mais aussi contre la cinquième colonne qui, à l'intérieur, sous prétexte de « respecter » les convictions des ignorants, a renoncé à transmettre la culture occidentale et la langue française à des populations en déshérence, prêtes à basculer du côté obscur. Les pires terroristes ne sont pas même ceux qui massacrent. Ce sont, à mes yeux, ceux qui se soumettent, que ce soit par visées électoralistes ou par convictions péda-démagogiques.

18

Défense et illustration de la bonne langue française

Les universitaires, fiers et farauds de leur indépendance, préconisent très largement l'usage de l'écriture inclusive et acceptent globalement les formes langagières les plus fautives, sous prétexte que ce sont les usages modernes d'une langue en mouvement. Il est temps de mettre au pas ces pontifes qui détériorent la langue et mènent à l'échec leurs étudiants. Quitte à imposer une Inspection générale du Supérieur.

La linguistique, pour l'essentiel, est descriptive. La grammaire, elle, est normative : elle enseigne le « bon usage » – ce n'est pas un hasard si c'est le titre que Maurice Grevisse a donné en 1936 à sa grammaire, constamment enrichie et rééditée depuis cette époque.

Évidemment, la grammaire, comme l'orthographe, est susceptible d'évolutions. Mais Grevisse, en puisant ses exemples chez les écrivains, limitait la modernisation : plus personne ne songe à boycotter « car », honni par les Précieux, ou à s'indigner devant « malgré que » utilisé en lieu et place de « bien que » par Gide, qui en a popularisé l'usage. Gide, et pas les apaches de son temps, comme on appelait alors les racailles. L'usage passe par ces grands manieurs de langage que sont les (bons) écrivains, pas par le sabir articulé entre deux borborygmes par les narcos de Marseille ou la syntaxe désarticulée de Virginie Despentes après sa sixième bière. Faut-il accepter comme norme nouvelle toutes les approximations aberrantes essayées par les racailles de la rue et ceux qui les imitent ?

Parce qu'il s'agit bien de faire barrage aux barbares. Si l'on baisse la garde sur la langue, nous serons confrontés demain à une France éclatée en dialectes aussi divers que les « communautés » que l'on tente de nous imposer pour déchirer le tissu national. L'enjeu n'est pas seulement normatif, il est politique. Ne pas enseigner rigoureusement la grammaire à l'école revient à ouvrir la porte aux fanatiques et aux dynamiteurs. Ceux qui penchent pour le laxisme ouvrent la voie (et ils en sont bien conscients, leurs options politiques le prouvent jusqu'à l'écœurement) à l'éparpillement de la République française. Allez, parions que Samuel Paty ou Dominique Bernard parlaient un bon français. Tolérer le magma linguistique où tant de nos concitoyens sont aujourd'hui embourbés, c'est tendre le couteau aux assassins : parions que le français des frères Kouachi était aléatoire.

Dans les cervelles évidées des universitaires et des « linguistes atterrés » et tout à fait atterrants qui en mai 2023 ont signé dans la collection « Tracts » de Gallimard un pamphlet d'une violence singulière intitulé *Le français va très bien, merci*, accepter toutes les déjections de l'oralité la plus baveuse est une lutte contre les « fascistes » qui, comme chacun sait, contrôlent le pays. C'est ainsi que l'un des signataires de ce tract, Médéric Gasquet-Cyrus, maître de conférences à Aix-Marseille et spécialiste du « parler marseillais[1] », se moque d'un étudiant hâtivement catalogué RN parce qu'il avait épinglé une jeune lycéenne bafouillant « si j'aurais ». « C'est une tournure que tout le monde peut faire », dit notre universitaire. Vu la façon dont il exprime sa hargne sur les agrégés, gageons qu'il a omis de passer le seul concours où la grammaire est vraiment au programme. Sans doute l'a-t-on recruté sur sa capacité à distinguer la cagole marseillaise de la radasse hexagonale.

Ses collègues ne sont pas en reste. Leur « tract » accumule les aberrations langagières – jusqu'à proposer de traduire Molière en français contemporain, parce que la « langue de Molière » ne correspond pas à la façon dont causent les dealers et les toxicos. Ou d'abandonner la référence constitutionnelle au

1. Je n'ai rien personnellement contre Médéric Gasquet-Cyrus – AMU est une fac pleine de demi-pointures. Mais comme, lors du récent Salon du livre de Marseille, il m'a précisé qu'il utilisait l'un de mes ouvrages (*C'est le français qu'on assassine*, Blanche, 2017) pour démontrer à ses étudiants, pris en otages, ce qu'est une pensée fausse et de droite, je me suis penché sur son cas. Un pauvre type qui a refusé avec hauteur que je vienne préciser auxdits étudiants deux ou trois points qu'il n'aurait qu'effleurés. Ah, la crainte de la concurrence…

« français », afin d'intégrer toutes les langues régionales – le « marseillais » aussi, hé, fadoli ! L'idée est bien sûr d'aboutir à une créolisation du français, afin de décomplexer tous ceux qui parlent une langue hachée menu.

« L'Académie française propose, surtout aujourd'hui, une vision trop souvent élitiste de la langue », ajoutent ces doctes pourfendeurs de la nation. Certains d'entre eux ont publié en 2016 *L'Académie contre la langue française* : voir le dossier « féminisation », où Éliane Viennot et ses complices en arnaques linguistiques défendent le « e » féminisant : l'erreur même des élèves de collège lorsqu'on leur explique la différence entre rimes masculines et rimes féminines, étant entendu qu'un mot masculin peut se terminer par un *e* muet et qu'un mot féminin peut désigner un concept strictement masculin – pensez aux mots qui nomment en français les diverses parts des organes reproductifs mâles. Ces ânes persistent à confondre le féminin et le femelle, à se baptiser « maîtresses de conférences » – mais reculent devant le ridicule et continuent à appeler leur avocate « maître ».

Mais ils montrent quand même le bout de l'oreille, en suggérant que l'Académie « élise pour moitié des linguistes », afin de montrer le droit chemin de la diversité aux croulants (supposés) du quai Conti. Idéologues, mais intéressés, n'est-ce pas…

Évidemment, ce laxisme de gauche s'applique à l'orthographe : constatant que celle de Montaigne ou de Rabelais est fantaisiste, nos atterrés en concluent (c'est André Chervel qui, après 68, a lancé cette idée baroque) que la dictée est un exercice dictatorial. Voilà un moyen d'identifier les fascistes auquel Gramsci n'avait pas pensé.

Bien sûr que la langue française, bien articulée, est élitiste ! Mais l'élitisme est une donnée fondamentale de la République, c'est ainsi que nous avons longtemps poussé chaque élève au plus haut de ses capacités. J'ai démontré largement dans mes livres que l'égalitarisme imposé par les « pédagogues » qui ont investi la rue de Grenelle après l'élection de François Mitterrand a produit bien plus d'inégalités que l'élitisme qu'il a renversé : parce qu'à tolérer les formes fautives et les accents les plus corrompus dans la bouche de gosses qui n'avaient pas tété le bon usage avec le lait de leurs mères, on les condamne à rester à vie dans leur ghetto. En entrant jadis à l'École normale supérieure, en passant l'agrégation, j'ai appris à masquer mon accent marseillais, afin de ne pas heurter les élèves normands auxquels m'a confronté ma première nomination. Je le ressors quand c'est nécessaire.

Et ce n'est pas l'accent de Paris qui détermine la norme, n'en déplaise aux complexés d'Aix-Marseille, c'est celui de la Touraine. Ciel, me voici glottophobe…

Pas même : je sais seulement que pour faire réussir les enfants d'en bas, il faut leur apprendre la langue et la culture d'en haut. Parce qu'il n'y a pas de culture d'en bas tant que les mêmes élites se reproduisent en haut – voir Marx et Bourdieu. Il faut apprendre aux déshérités les façons les plus exquises de la langue

– sous peine de les voir préférer, un jour de désespoir, la langue corrompue des semeurs de terrorisme.

Quant à nos universitaires prêcheurs de haine et de communautarismes en guerre, il est plus que temps qu'une Inspection générale du Supérieur, extérieure à la clique, évalue sérieusement les « recherches » effectuées par ces briseurs de république, avec le pouvoir de les révoquer en cas de malfaisance notoire. Les enseignants du Supérieur, comme tous les fonctionnaires, ne doivent plus se réclamer de leur poste comme d'une clause d'impunité, ils doivent rendre des comptes à la République qui les nourrit. Quitte à les reverser dans le Secondaire, s'ils ont des titres suffisants, ou à leur proposer un stage dans la « diagonale du vide » afin de les rééduquer. Ils libéreront ainsi des postes sur lesquels on pourra enfin nommer de vrais chercheurs – ceux qui trouvent.

19

L'indemnisation de l'échec, une idée 100 % *woke*

L'insoutenable suspense entretenu au mois de juillet 2023 par Emmanuel Macron (« Quel héritier vais-je choisir comme ministre de l'Éducation pour se substituer à l'autre incapable ? Tiens, je vais prendre un pur produit de l'École alsacienne, au moins, s'il est nul, il a les codes et il sort du sérail… ») a empêché la grande presse de se faire l'écho d'une splendide décision de la justice américaine : l'indemnisation (pour 1,8 milliard de dollars) des candidats recalés à l'examen d'enseignant de New York, car les épreuves étaient « culturellement biaisées ».

Dans *Le Figaro étudiant* du 19 juillet 2023, Jeanne Paturaud a relaté la décision de la justice américaine, si souvent citée en exemple de ce côté de l'Atlantique. Constatant que la moitié des candidats noirs ou hispaniques avaient échoué à l'examen qui donne à New York le droit d'enseigner, le tribunal a jugé que les épreuves étaient « culturellement biaisées ». Trop « blanches ». Pensez, on demandait par exemple d'expliquer la signification d'un tableau de l'artiste pop Andy Warhol. Selon les plaignants, plus de 90 % des candidats blancs ont réussi le test à choix multiple et l'essai, contre 53 % pour les candidats noirs et 50 % pour les hispaniques. L'idée que lesdits candidats noirs ou hispaniques aient été largement insuffisants n'a pas effleuré le pays de l'égalité – au moment même où la Cour suprême, à majorité républicaine, supprimait une fois pour toutes la « discrimination positive » qui a permis au fil des ans à tant de représentants des minorités de prendre la place de postulants meilleurs qu'eux. Et de décider d'indemniser ces recalés, sur la base de ce qu'ils auraient pu gagner s'ils avaient été admis.

Vous souriez ? C'est typique, c'est la raison pour laquelle, dans l'échelle de notation américaine, les enseignants ne mettent plus « E » ni « F », car les parents des progénitures injustement stigmatisées attaquaient en justice et gagnaient des sommes considérables, calculées sur ce que la baisse de *self-esteem* faisait potentiellement perdre au malheureux bambin étiqueté cancre.

Outre-Atlantique, on ne plaisante pas avec les zéros posés avant la virgule. « Si les sommes varient parmi les cinq mille deux cents personnes concernées, certains ont déjà reçu plus d'un million de dollars. » Des indemnisations versées aux plaignants jusqu'en 2028. Sans compter que la facture réellement payée par les New-Yorkais sera bien plus élevée car elle devra comporter des sommes versées au titre de la retraite d'une fonction que les plaignants n'ont jamais exercée. Elle est pas belle, la vie ?

Le test incriminé concerne l'évaluation en « Liberal Arts and Sciences », qui balaie aussi bien des connaissances en maths, en histoire, en communication et recherche, en analyse et expression écrite, ou encore en expression artistique. Il a été modifié en 2013 pour tenir compte des différences de cultures d'origine. Et vous savez quoi ? « Les candidats d'origine afro-américaine ou hispanique sont toujours moins nombreux à réussir le test, comparé aux candidats blancs. » *Fatalitas !*

C'est une idée grandiose qu'il faut impérativement importer chez nous. Les candidats de Seine-Saint-Denis ou des quartiers nord de Marseille, qui parlent une langue multicolore, devraient réfléchir à la grave injustice qui leur est infligée en les obligeant à écrire et à parler une langue « blanche » et parisienne dans les épreuves des concours. Et à professer des certitudes de même couleur : la terre est ronde, hommes et femmes sont égaux, l'école en France est laïque et les vêtements à connotation confessionnelle n'y sont pas admis – et autres fariboles peu pratiquées dans les quartiers susdits.

Il est vrai que la France n'autorisant pas de repérage confessionnel ou ethnique, savoir qui est discriminé effectivement sera compliqué. Mais on n'aura qu'à demander à Gérald Darmanin, qui nous affirme que les émeutiers de début juillet 2023 se prénommaient massivement Kevin et Mathéo, bien qu'ils aient paru « issus de l'immigration ». « L'explication seulement identitaire serait très erronée. » Indemnisons tous les Kevin qui voulaient se faire instits !

Heureusement que Kevin ne tient pas, en général, à entrer dans l'enseignement. Il a découvert dans son quartier bien d'autres moyens de gagner davantage que les 2 000 euros qu'on lui fait miroiter.

Heureusement qu'un peu de raison surnage outre-Atlantique. « *The standards are the standards*, dit un principal de collège. *It shouldn't be based on what would be easy for blacks or whites. To hire people who are not qualified and change the requirements because a certain group didn't pass the test is bullshit* » (« Embaucher des personnes qui ne sont pas qualifiées et modifier les exigences parce qu'un certain groupe n'a pas réussi le test, c'est de la foutaise »). Ben oui. Et les élèves que ces enseignants de second choix formeront n'arriveront pas bien haut.

Mais il leur suffira, plus tard, de porter plainte…

20

La République et la raison pour transcendances

Malraux n'a jamais dit que le XXIe siècle serait religieux ou ne serait pas. C'est une reconstruction à partir de propos épars et non authentifiés. En revanche, il a dit – propos rapportés dans *Time Magazine* en juin 1956 : « C'est le grand phénomène de notre époque que la violence de la poussée islamique. Sous-estimée par la plupart de nos contemporains, cette montée de l'islam est analogiquement comparable aux débuts du communisme du temps de Lénine. Les conséquences de ce phénomène sont encore imprévisibles. À l'origine de la révolution marxiste, on croyait pouvoir endiguer le courant par des solutions partielles. Ni le christianisme, ni les organisations patronales ou ouvrières n'ont trouvé la réponse. De même aujourd'hui, le monde occidental ne semble guère préparé à affronter le problème de l'islam. En théorie, la solution paraît d'ailleurs extrêmement difficile.

Peut-être serait-elle possible en pratique si, pour nous borner à l'aspect français de la question, celle-ci était pensée et appliquée par un véritable homme d'État. Les données actuelles du problème portent à croire que des formes variées de dictature musulmane vont s'établir successivement à travers le monde arabe. Quand je dis "musulmane", je pense moins aux structures religieuses qu'aux structures temporelles découlant de la doctrine de Mahomet. Dès maintenant, le sultan du Maroc est dépassé et Bourguiba ne conservera le pouvoir qu'en devenant une sorte de dictateur. Peut-être des solutions partielles auraient-elles suffi à endiguer le courant de l'islam, si elles avaient été appliquées à temps. Actuellement, il est trop tard ! Les "misérables" ont d'ailleurs peu à perdre. Ils préféreront conserver leur misère à l'intérieur d'une communauté musulmane. Leur sort sans doute restera inchangé. Nous avons d'eux une conception trop occidentale. Aux bienfaits que nous prétendons pouvoir leur apporter, ils préféreront l'avenir de leur race. L'Afrique noire ne restera pas longtemps insensible à ce processus. Tout ce que nous pouvons faire, c'est prendre conscience de la gravité du phénomène et tenter d'en retarder l'évolution[1]. »

Le parallèle avec la montée du communisme est plein de sens. Dans le monde déchristianisé de la fin du XIXe siècle, où l'un – Karl Marx – avait démontré

1. André Malraux, « Note sur l'islam », *Petits Blancs, vous serez tous mangés*, 3 juin 1956.

que la religion était l'opium du peuple, et l'autre – Friedrich Nietzsche – avait annoncé que Dieu était mort, toute transcendance disparaissait : le communisme, fonctionnant comme une religion messianique, remplaça les croyances dévaluées.

La victoire par K.-O. du libéralisme changea la donne en déséquilibrant les rapports de force. Capitalisme et socialisme se nourrissaient l'un l'autre, idéologiquement parlant. Mais en moins de vingt ans l'équilibre s'est rompu.

Les deux chocs pétroliers ont fait entrer l'économie libérale dans une ère nouvelle, celle de la financiarisation. Ce n'étaient plus les entreprises qui tenaient désormais le haut du pavé, mais les banques. Le capital ne se nourrissait plus des succès industriels, aussi glauques qu'ils fussent parfois, mais des succès du capital. On n'avait plus face à soi « deux cents familles », comme en 1936, ou même des patrons, mais une hydre anonyme. Au niveau français, Mitterrand tira la leçon de ce renversement des conflits en instaurant la « rigueur », à partir de 1983, et en mettant à la porte les communistes qui l'avaient aidé à l'emporter en 1981 – l'un des plus grands cocufiages de l'Histoire contemporaine, une journée des Dupes étalée sur plusieurs années.

Le sommet de Reykjavik entre Reagan et Gorbatchev, les 11 et 12 octobre 1986, fut le second moment de la défaite du communisme[1]. La rencontre portait

1. Pour un récit complet de cette rencontre ratée pour l'humanité, mais réussie par les Américains, lire Guillaume Serina, *Reagan-Gorbatchev. Reykjavik 1986, le sommet de tous les espoirs* (Éditions de l'Archipel, 2016).

sur l'abolition des armes nucléaires. Ce fut un échec – mais la responsabilité, à court terme, pesa sur la tête de Gorbatchev, acculé à la démission cinq ans plus tard. Le cow-boy américain n'avait pas vu l'intérêt de se désarmer, même partiellement, au moment où Gorbatchev démantelait l'URSS avec le bel outil que fut la Perestroïka, et où se profilait ce que Francis Fukuyama appellerait en 1992 « la fin de l'Histoire ». Quarante ans plus tard, la Russie, remilitarisée, présente à l'Occident l'addition de cette occasion perdue. Poutine est l'enfant rebelle de la Perestroïka.

Troisième et dernier acte, la chute du Mur en 1989. Pour les ouvriers français, il n'y avait désormais plus, à l'est, de paradis socialiste, ni même l'espoir d'un changement. C'est à ce moment-là qu'ils ont commencé à se tourner massivement, dans les « banlieues rouges » de Paris, vers le Front national.

L'Histoire ne manque pas de logique et il faut la lire en bloc. Dans ces mêmes années – avec en point d'orgue la loi Jospin (juillet 1989) et la création des IUFM sous la houlette de Philippe Meirieu (dès 1990), l'École expérimentait un bouleversement de même nature : le remplacement des savoirs par une pédagogie du vide et l'expérience du travail par la généralisation du bla-bla. Jean-Claude Michéa en tira un livre fulgurant, *L'Enseignement de l'ignorance* (Climats, 1999).

Mais le premier à avoir compris les implications psychologiques de ces effondrements idéologiques fut sans doute Gilles Lipovetsky : en 1983, cet agrégé de philosophie, brillant analyste de la société postmoderne, signait *L'Ère du vide*, étude chirurgicale de la victoire en rase campagne de l'individualisme et du narcissisme. Barbara Lefebvre a tiré les conclusions de la combinatoire de ces divers mouvements avec *Génération « J'ai le droit » : la faillite de notre éducation* (Albin Michel, 2018).

Plus que « j'ai le droit », c'est « tout pour ma gueule » : la satisfaction des désirs immédiats, l'illusion de la toute-puissance, l'obéissance à la contrainte forte d'une idéologie qui est moins une religion, quoi qu'elle prétende, qu'un système de domination. Vous avez voulu libérer la parole des élèves ? Vous aurez la charia.

Le problème, ce fut le vide intersidéral creusé dans les cervelles des enfants et des adolescents. On sait que la nature en a horreur. Il lui fallut donc pêcher dans ce qu'elle avait à sa portée pour remplacer le goût de l'effort, l'orgueil du travail bien fait, l'accumulation des savoirs et la conscience nationale.

L'islam a remplacé le communisme, après la chute du Mur, dans l'inconscient des plus pauvres. Il est significatif que les premières affaires de voile soient concomitantes de l'effondrement des régimes de l'Est. Significatif aussi que les ex-« démocraties populaires » qui avaient conservé un puissant attachement religieux aient été fort peu pénétrées par l'islamisation qui a touché l'Europe occidentale : ni la Pologne ni la Hongrie ne se sont montrées accueillantes aux lubies du désert.

Autre point remarquable dans l'analyse de Malraux : « Quand je dis "musulmane", je pense moins aux structures religieuses qu'aux structures temporelles découlant de la doctrine de Mahomet. » Le futur ministre de la Culture du général de Gaulle savait bien que l'islam n'est pas une religion, ou pas seulement : c'est un système de domination politique. N'ayez pas peur d'être islamophobe : ce n'est pas d'une religion que vous avez peur (en tant que religion, elle ne mérite pas de considération particulière), mais du système sociopolitique dont elle est le paravent. Il ne s'agit pas pour les mahométans de convertir, mais de conquérir. De dominer. D'écraser.

L'asservissement des femmes, assignées à des vêtements qui les occultent, assujetties à des règles d'héritage qui les lèsent (c'est bien pratique, pour les hommes, de décréter leur supériorité sans avoir à la prouver), est le premier levier de cette domination. Les voiles – non prévus par le Coran, faut-il le rappeler ? – dont on les couvre sous prétexte que les cheveux peuvent évoquer les toisons pubiennes dans l'esprit détraqué des vrais croyants sont autant de pions que l'on avance dans nos cités. Dans nos rues, les femmes voilées ou vêtues d'abayas sont les pions noirs d'une offensive souterraine, elles sont instrumentalisées par des hommes trop rusés pour paraître en première ligne.

C'est la raison majeure pour laquelle il est plus que temps de modifier la loi de 2004 sur le port de signes religieux. La commission Stasi est restée à mi-chemin, en limitant la loi aux établissements d'enseignement du second degré. Les universités, où les salles de prière sont désormais monnaie courante, les hôpitaux, où les maris accompagnent leurs épouses voilées et refusent qu'elles soient examinées par des hommes, quitte à les mettre en danger, tous les lieux publics en définitive, sont aujourd'hui le théâtre d'une offensive généralisée. Ce n'est pas de voiles ou de tenues pittoresques que nous pouvons avoir peur, mais de ce qui se dissimule sous ces vêtures orientales : la volonté d'habituer pas à pas et d'amener les gens à penser que c'est normal. L'étape suivante, ce sera la charia, et les naïfs ne s'en apercevront même pas.

La loi doit donc interdire l'exhibition des signes religieux ostentatoires dans tout l'espace public. Vous voulez croire ? Très bien, faites-le chez vous. Vous voulez être une femme soumise ? Parfait, jouez chez vous à ces comportements masochistes. Grand bien vous fasse – chez vous. Vous voulez élever vos enfants dans la foi d'Allah ? Pas à l'école de la République. Les enseignants doivent avoir pour première mission de déboulonner les idées vicieuses et corrompues, quelles qu'elles soient. Ceux qui s'y refusent ont-ils encore leur place dans l'Éducation nationale ?

La facilité avec laquelle des convictions barbares entrent dans les crânes désolés des jeunes prouve jusqu'à l'absurde le besoin de transcendance. La superstition n'est pas une solution, il faut l'extirper des cervelles dès qu'on la repère.

Le nombre important aujourd'hui de conversions au catholicisme, de demandes de baptême[1], est un

1. Le nombre d'adultes qui devaient être baptisés à Pâques en 2024 était en hausse de près de 31 % par rapport à 2023, selon des chiffres publiés le mercredi 27 mars par la Conférence des évêques de France (CEF), instance qui

autre marqueur – moins inquiétant que l'adhésion aux idéologies de la haine et de l'exclusion – de ce besoin de transcendance. Mais imposer par l'École la voix de la Raison – à laquelle la révolution érigea des temples –, marteler dans ces crânes avides de plénitude l'histoire de France et de la République, voilà des opportunités pour « écraser l'Infâme », comme disait Voltaire en évoquant la superstition et le fanatisme. Quitte à donner dans un premier temps une vision romanesque de cette histoire. Que des enseignants, qui se prennent pour des historiens alors qu'ils sont prioritairement des passeurs de vertus nationales, tiennent absolument à faire à des gosses de six ans des cours sur la relativité de l'Histoire, la culpabilité de l'homme blanc, les horreurs du colonialisme qui a eu le culot d'éradiquer en Afrique les épidémies dans les territoires qu'il a gérés, donne assez envie de révoquer ces militants politiques qui ont renoncé à être des passeurs de savoirs et de légendes.

Légendes (littéralement : ce qu'il faut lire et dire), parce que comme le soulignait avec lyrisme Patrice de La Tour du Pin, « les pays qui n'ont pas de légende sont condamnés à mourir de froid ». Bien sûr que je ne crois pas à l'exactitude historique du vase de Soissons, quoi qu'en ait rapporté Grégoire de Tours cent ans après les faits. Bien sûr que Jeanne Hachette

réunit les plus hauts représentants de l'Église catholique. Source : www.liberation.fr/societe/religions/eglise-catholique-hausse-spectaculaire-des-baptemes-dadultes-et-dados-20240327_3GADE6CMBZCFLDPTSUDRCJFNZA/ (eh oui, il m'arrive aussi de lire la presse de droite).

ou le Grand Ferré sont des enluminures de la guerre de Cent Ans. Et Roland, à Roncevaux, est tombé sous les flèches des bergers basques et non sous l'agression de cinq cent mille Maures. Et alors ? Par *La Chanson de Roland* on entre dans la littérature médiévale, ce qui n'est pas rien. Qu'importe à des gosses de six ou sept ans de savoir que Charlemagne parlait un patois francique et non le français qu'on lui prête ? Il y a plus de faits (et de poésie) chez Ernest Lavisse que dans les récriminations de profs d'histoire tatillons et férus d'exactitude, face à des élèves incapables de comprendre les débats byzantins des spécialistes.

21

Rousseau et le selfie

En 1968, René Étiemble, grand mandarin s'il en fut, prof de Lettres d'un immense talent et d'un ego surmultiplié, entra dans son amphithéâtre sorbonnard pour faire cours. Ses étudiants, d'abord à mi-voix, puis en crescendo magistral, le chahutèrent gentiment en scandant « Moi-Je / Je-Moi » – *ad libitum*.

On s'en moquait à l'époque. Nous en sommes pourtant aujourd'hui à un moment curieux de l'Histoire où nos contemporains, surtout s'ils sont dépourvus du moindre talent, s'aiment à la folie et immortalisent dès que possible leur image. Ils cueillent l'instant au bout de leurs portables. Et ils le partagent aussitôt sur les réseaux sociaux, persuadés que l'image de leur plaisir intéressera forcément la planète entière.

Analyse d'une subversion.

On croit ordinairement que le selfie a été inventé à l'orée des années 2000, quand les téléphones portables se sont dotés d'une fonction « photo » susceptible d'immortaliser nos beuveries, nos insubmersibles amitiés éphémères et nos rencontres avec des hommes remarquables – Marc Lévy, Anna Gavalda, François Hollande ou Nadine Morano. L'industrie, jamais en retard dans la fabrication d'instruments dispensables, a même inventé une canne d'adaptation, afin de prendre du champ et d'éviter d'avoir, sur le cliché, le nez en patate qui caractérise la plupart de ces gros plans si gracieux.

Erreur trop commune. Le selfie a été inventé par Jean-Jacques Rousseau dans les années 1760, quand il a entrepris la rédaction des *Confessions*. Écoutez plutôt : « Je veux montrer à mes semblables un homme dans toute la vérité de sa nature. Et cet homme, ce sera moi. Moi seul. Je sens mon cœur et je connais les hommes. Je ne suis fait comme aucun de ceux que j'ai vus ; j'ose croire n'être fait comme aucun de ceux qui existent… »

S'ensuivent plusieurs centaines de pages qui sont autant de variations sur l'ego-portrait – ainsi les Québécois, qui parlent français, eux, ont-ils baptisé ce que les Français, qui parlent la langue de l'occupant américain, appellent *selfie*.

Moi. Moi que j'aime. Moi lisant avec mon père les livres de ma mère. Moi allongé sur les genoux de Mlle Lambercier, le cul à l'air, rougi d'une fessée experte et l'érection indubitable (je soupçonne Rousseau d'avoir fréquenté, comme il dit, tous les galetas des sixièmes étages et toutes les putes de Paris sans retrouver exactement la sensation première de cette raclée fondatrice qui fut sa madeleine à lui). Moi cassant des peignes ou cueillant des cerises. Moi, penaud, membres ballants, assis sur le lit où la petite Zulietta pensait me posséder et ne trouva qu'un jeune homme déconfit par son téton borgne. Moi vilipendant tout ce que Paris, donc l'Europe, comptait de belles intelligences… Moi, moi encore, moi partout[1].

Bien sûr, de Rembrandt à Van Gogh, il y a eu avant et après le philosophe de Genève quelques sublimes spécialistes de l'autoportrait. Mais la peinture suppose un travail, une réinterprétation – elle fait œuvre. Le selfie, c'est le culte hédoniste de l'instant présent.

Le mépris de la culture, qui ouvre aujourd'hui la voie à tous les djihads de substitution, a commencé là, avec Rousseau. Comme a commencé avec lui le grand soupçon porté sur les livres. L'horreur des *Fables* de La Fontaine. La certitude que le jeune Émile était né bon et qu'une sinistre conspiration de maîtres lucides et de précepteurs éclairés, désireux de remodeler son moi d'enfant sauvage, s'échinait à briser sa spontanéité sublime et sa capacité à construire seul ses propres savoirs.

Disons-le tout net : Émile, comme tous les jeunes vauriens, est né barbare. L'exécration de Rousseau pour le fabuliste est l'une des clés de cette dissolution de la culture dont nos pédagogues modernes ont fait l'alpha et l'oméga de leurs « sciences de l'éducation ».

1. Que l'on n'en déduise pas que je méprise Rousseau. *Du contrat social* est l'un des plus grands textes fondateurs des sociétés autoritaires.

Barbares, oui. Ne parlant ni le grec, ni le latin – ni le français. Le barbare balbutie tant qu'il n'est pas passé par l'étape du b-a-ba, la lente acquisition des mots et de la grammaire. La civilisation, c'est d'abord une syntaxe. Au commencement est le Verbe, dit Jean : avant le Verbe, et sans les mots, c'est le chaos. Et si on en reste au chaos dans les cervelles fraîches, n'importe quel idéologue, n'importe quel croyant s'offrira à le mettre en ordre.

Selfie, disais-je. Le narcissisme, dont on constate chaque jour les ravages, n'est pas une culture – il en est même la réfutation. Le repliement sur soi, l'égocentrisme érigé en pensée (et dans le libéralisme moderne, simultanément, en dépense) sont l'inverse d'une culture, qui suppose, par définition, les autres. « Rien de plus soi que de se nourrir d'autrui – le lion est fait de mouton assimilé », dit Valéry. Sans autrui, pas de langage ; sans passé, pas de pensée. Retour à l'âge de pierre.

Au Panthéon, les tombes de Voltaire et de Rousseau, comme je l'ai expliqué plus haut, se font logiquement face : ils sont inconciliables après la mort, comme ils le furent de leur vivant. À l'un les Lumières, l'intelligence sceptique (pléonasme !) et l'infini combat contre l'Infâme – superstition, tolérance, fanatisme, autant de chapitres du *Dictionnaire philosophique* et du *Traité sur la tolérance*. À l'autre la tentation de la nuit.

Les enfants de Rousseau tiennent à bout de bras le smartphone avec lequel ils gravent dans la cellule de l'appareil – parfait substitut des neurones qui leur manquent – leur bêtise à front de taureau et le néant de leur conscience. Ils sont obstinément consommateurs, trouvant sans doute que c'est un mot qui commence bien. Contents d'eux-mêmes. Avides de respect – et le respect, qui est mise en avant de soi, n'est pas la politesse, qui est considération de l'autre. Arrogants par excès de crétinisme : le crétin, qui ignore tout et ne le sait même pas, croit être la mesure de toute chose. Ils accumulent les signes extérieurs du moi, persuadés qu'avoir c'est être.

Rappelez-vous Pinocchio : il lui pousse des oreilles d'âne, le braiment lui tient lieu de parole. Ou l'éructation. Ou la prière en boucle. Un dieu guerrier et sanguinaire n'a aucun mal à les prendre en charge et à leur faire croire qu'ils n'ont pas besoin de livres, ni de pensée, ni de mesure. C'est dans le vide que s'installent les plus mortelles certitudes.

22

Mixité scolaire, mixité sociale, mixité ethnique

Il n'est pas inutile, parfois, d'interroger l'inconscient et le non-dit des maîtres. Ceux qui sont aujourd'hui les plus hostiles à toute mixité scolaire dans les établissements les plus huppés – et particulièrement dans le privé – ne sont-ils pas, plus ou moins consciemment, hostiles à la mixité sociale ? « Comment ? Des enfants de prolos chez nous ? C'est tout à fait impossible… » Ou pire, à la mixité ethnique ? « Accueillir des peaux "plus bronzées que nos p'tits poulbots", comme chantait Souchon en 1977, vous n'y pensez pas… » Sans doute croient-ils que le noir déteint…

Autant être clair. L'École est le premier vecteur d'intégration. Elle est le fer de lance de l'assimilation. Ses dysfonctionnements, depuis trois décennies, ont justement gêné cette fonction. Les pédagogues modernes insistent tant sur les différences que je m'interroge sur le fonctionnement de leur inconscient :

peut-être, au fond, souhaitent-ils que l'étranger le reste…

Encore faut-il savoir ce qu'il convient de faire face à des enfants ou de jeunes adultes qui arrivent de par-delà les mers, avec des vêtements, des langages, des religions distincts et peu susceptibles de cohabitation. De la même manière qu'elle doit enseigner la langue française dans ce qu'elle a de plus beau et de plus difficile, l'École doit combattre les habitudes, les tics de pensée, les fanatismes et les superstitions. Elle doit apporter la lumière.

Il y a deux écueils, l'un à droite, l'autre à gauche – mais droite et gauche, on l'a vu, sont radicalement incompétentes en matière d'éducation, parce qu'elles mélangent l'idéologie dans la gestion de la pédagogie. Dire que l'immigré, par définition, ne s'intégrera pas, c'est du racisme. Dire qu'il faut respecter la différence et la personnalité de l'étranger assis face à nous, c'est aussi du racisme.

L'École n'existe pas si elle n'est pas un creuset où les différences sont fondues et amalgamées avec les spécificités françaises. L'École est là pour enseigner une langue, c'est-à-dire une culture. Le respect dû à l'élève ne concerne que son travail : je te respecte pour ce que tu fais, pas pour ce que tu es. Nous ne sommes, les uns et les autres, que la somme de nos actes. Aucun respect n'est dû à des pratiques ou des affirmations qui sont étrangères à la culture française que doit enseigner le professeur. Aucun respect n'est dû à des superstitions venues de civilisations archaïques : la femme est l'égale de l'homme, elle n'a pas à être voilée, excisée, minorée. La loi Jospin, en 1989, a ouvert la boîte de Pandore en affirmant que l'élève a le droit d'exprimer son opinion : l'élève n'a pas à avoir d'opinion autre que celle du maître, qui lui-même n'a d'autre opinion que celle de la civilisation qu'il transmet. Je n'insisterai jamais assez sur ce point.

L'interjection si fréquente, « c'est votre avis, c'est pas le mien », n'a pas à être prise au sérieux, elle doit même être vigoureusement combattue : ton avis ne vaut rien face au mien, c'est pour ça que je suis le maître. La justification systématique « c'est la religion qui le veut » n'a pas à être entendue dans l'École française laïque : nous offrons une nouvelle patrie, nous devons enseigner rigoureusement les règles et l'amour de cette patrie. Le fait religieux s'enseigne, il ne se vénère pas. Une École bien comprise est, pour l'ignorant, le lieu d'un blasphème sans fin. À nous d'expliquer que le blasphème est du côté de ceux qui offensent les Lumières.

Les effets de meute, qui gênent parfois le bon fonctionnement d'une classe, ne doivent pas être tolérés. Toute affirmation contraire au droit doit être rigoureusement sanctionnée : les filles ne sont pas des citoyennes de seconde zone, elles n'ont pas à porter de vêtements spécifiques destinés à cacher leurs formes – alors que les garçons pourraient librement s'épanouir avec des jeans serrés mettant en avant leurs petites caractéristiques de mâles arrogants. Il n'y a pas de « pudeur musulmane », et certainement pas dans une civilisation qui a enfanté Shéhérazade et quelques autres gourgandines de premier plan. Un établissement scolaire est en droit d'exiger une tenue correcte et le recours à un uniforme est encore le meilleur moyen de l'imposer. Il n'a pas à accepter des tenues « ethniques » qui ne sont en fait que des pseudopodes religieux, un grignotage de l'espace laïque au profit de religions qui mêlent allègrement le culturel et le cultuel. Si la France accepte toutes les croyances, elle n'a pas à tolérer leurs manifestations dans l'espace public, ou dans cette forge de l'identité française qu'est l'École.

Le vrai respect, celui que l'on doit aux élèves, quelles que soient leurs origines et leurs convictions erronées, consiste à les dépayser complètement. À les détacher de cultures exogènes pour les initier à l'identité française. À leur interdire toute expression de la superstition, tout comme on doit leur faire comprendre que l'essentiel de leur discours est composé d'idées reçues, de poncifs et de stéréotypes hérités de leur famille, de leur « communauté », de leur quartier. La construction d'établissements scolaires au sein des ghettos institués dès les années 1960 pour accueillir les immigrés fut une faute majeure ; plutôt que de les réhabiliter, autant les détruire et les reconstruire ailleurs : ça ne coûte pas plus cher, en fait. Aux villes, aux régions d'inventer un mode de transport diversifié ou des internats isolés pour éclater en différents sites d'enseignement des nouveaux venus qui par réflexe cherchent d'abord à rester engoncés dans leurs certitudes aberrantes. Un professeur doit leur permettre de faire table rase de leur passé. Il faut décontextualiser les élèves – et c'est ce à quoi une mixité bien comprise et bien aménagée doit conduire.

Tolérer les voiles, les abayas et toutes les inventions par lesquelles une religion des sables a systématiquement infériorisé les femmes, c'est se rendre complice de l'aliénation par laquelle un fanatisme exogène tente de s'infiltrer dans notre pays. L'affirmation de gamines manipulées prétendant que « c'est leur choix » est la preuve même de leur aliénation – relisez Marx et Engels. Ou La Boétie, si vous préférez des références françaises : la servitude volontaire, explique l'ami de Montaigne, se révèle dans le fait qu'elle est défendue *a priori* par ceux et celles qui en sont les premières victimes, pendant que ceux qui les exploitent ricanent de leur naïveté – et de la nôtre. Ceux-là, croyez-moi, ne veulent surtout pas de mixité, parce qu'ils la craignent, dès lors qu'ils ne se sentent plus en position de force. Et qu'ils ne reconnaissent que la force.

Quant à ceux qui préconisent de rejeter les immigrés à la mer, ce sont des demi-habiles ou des trois quarts crétins. Ils ignorent le droit (et l'utilisation de ce droit par des organismes aux ressources considérables) et surtout les ressources infinies d'une instruction publique bien comprise.

Le respect que nous devons aux élèves d'origine étrangère, mais aussi bien à certains de nos compatriotes engoncés dans d'étranges certitudes, consiste avant tout à les arracher à leur destin, afin de les naturaliser français. En leur apprenant le bon français, la vraie culture, la pensée complexe et non le gloubi-boulga dans lequel ils s'expriment le plus souvent, la culture inculte qui est la leur, la pensée archaïque tissée de poncifs et d'idées reçues qui est l'héritage de leurs parents, de leur milieu social, de leurs superstitions. C'est cela, la laïcité – et ceux qui penchent pour une laïcité « ouverte » sont les fourriers de l'armée des ténèbres qui cherche à s'imposer dans l'École des Lumières.

23

Pour une *Reconquista* de la France

Arturo Pérez-Reverte, le plus grand écrivain espagnol contemporain, a publié en 2023 un roman historique, *Sidi*, récit d'une tranche de la vie de Ruy Díaz de Vivar, mieux connu en France, grâce à Corneille, sous le surnom du « Cid ». Il est le plus célèbre des grands capitaines qui, au XIe siècle, ont lancé l'ultime phase de la *Reconquista*, c'est-à-dire la reconquête des territoires annexés par les Maures depuis l'invasion omeyyade de l'Espagne wisigothe au VIIIe siècle. À en croire l'histoire officielle, ce fut un mouvement continu depuis la victoire de Covadonga, en 722, jusqu'à la prise de Grenade, en 1492, en passant par la chute du califat de Cordoue en 1031. Huit siècles de batailles – avec quelques interruptions –, dont l'épopée du Cid est l'un des moments forts, avec la prise de Valence en 1094 et la déroute des Almoravides.

Roman dur et sanglant, qui réussit admirablement à nous faire comprendre l'âme d'un guerrier, *Sidi* joue sur la double historicité : ce qui se passe au XIe siècle à Saragosse est une préfiguration de ce que Pérez-Reverte préconise contre l'islam contemporain. Dès 2014, cet ancien journaliste, témoin traumatisé des guerres de Bosnie, avait prévenu : « *Es la guerra santa, idiotas*[1] »...

Les chaînes de télévision ont occupé le début de l'été 2023 à se demander quels enseignements tirer des scènes de guerre urbaine et de pillages du tout début juillet. Comme elles s'étaient demandé doctement, en 2005, quelles leçons tirer des émeutes de Clichy-sous-Bois et Montfermeil. Des subsides, des subventions, ripolinage des cités abandonnées, commissions *ad hoc*, cirage de babouches, etc.

En 2018, en passant le relais du ministère de l'Intérieur à Édouard Philippe, destiné à assurer l'intérim, Gérard Colomb avait prévenu : « Aujourd'hui on vit côte à côte... Je crains que demain on vive face à face. » Nous y voilà – mais comme on pouvait s'y attendre, les partis qui comptent se refaire la cerise en attisant une guerre civile donnent raison aux émeutiers et leurs élus paradent autour d'Assa Traoré dans une manifestation interdite, place de la République, le 8 juillet 2023, qu'un gouvernement un peu responsable aurait dû charger et disperser en arrêtant les fauteurs de troubles.

Il est plus que temps de lancer une grande *Reconquista* des territoires perdus de la République. Quartier après

1. www.perezreverte.com/articulo/patentes-corso/938/es-la-guerra-santa-idiotas/.

quartier, immeuble après immeuble – et on serait assez bien inspiré de détruire ces architectures qui depuis quarante ou cinquante ans n'ont produit que du malheur, des trafics, de la ségrégation, du communautarisme et de la sécession islamique.

Il faut absolument dépayser les populations qui s'y entassent. Elles ne sont pas intégrables tant qu'elles vivent en ghetto. Il faut les disperser d'autorité sur l'ensemble du territoire, les envoyer dans la « diagonale du vide » pour revivifier des hameaux en perdition – par tout petits groupes. Mais il faut aussi raser les établissements scolaires construits imprudemment à l'intérieur des ghettos et les reconstruire ailleurs, loin, en dispatchant les enfants dans des milieux hétérogènes afin de noyer leurs prétentions à manger halal et à imposer le ramadan à des gosses qui ne sont même pas musulmans.

Parce qu'à la ventilation démographique on peut préférer une autre solution : une intégration par l'école – à condition de réformer l'Éducation de fond en comble. Mais là, il faudrait obtenir l'assentiment des enseignants, qui se donnent trop souvent des frissons en votant LFI et expliquent doctement qu'il est licite de huer *La Marseillaise*, dans les stades et ailleurs.

De même, il faut définitivement interdire toute expression, vestimentaire ou autre, de superstitions importées des pays des sables. On peut, chez soi, adorer ce que l'on veut, une pierre tombée du ciel (c'est le cas de la Pierre noire enchâssée à l'angle sud-est de la Kaaba, à La Mecque, souvenir de la période où les

Arabes adoraient les bétyles et croyaient que les résidus d'astéroïdes témoignaient de la puissance des dieux invisibles) ou une patte de lapin – ou une passoire à spaghettis, pour les pastafariens. On peut, chez soi, s'habiller comme on l'entend. Pas dans la rue.

Les Frères musulmans, assez forts pour suggérer à la doyenne de la Sorbonne, Béatrice Perez, l'annulation – et finalement le report – d'une conférence de Florence Bergeaud-Blackler[1] décrivant leurs filières et leurs méthodes, doivent être impitoyablement traqués, parce que leurs agissements sont hostiles à la Constitution et qu'ils sont des fauteurs de troubles. Ils ne peuvent pas à la fois exiger le droit à la libre expression et interdire de parole ceux qui leur sont hostiles, c'est-à-dire ceux qui disent la vérité.

Parce qu'il n'y a qu'une vérité : celle de la République. Tout ce qui s'inscrit en opposition à la République et à la France doit être éradiqué. Nous avons été un pays uni contre les envahisseurs anglais, contre les armées prussiennes et globalement contre l'occupant nazi. Nous devons être unis contre les fauteurs de désordre et les partisans du communautarisme.

Oui, il faut lancer la *Reconquista*. Pas forcément avec les méthodes expéditives du Cid Campeador, mais avec suffisamment de conviction pour faire comprendre à l'ennemi que nous ne plaisantons plus. C'est à l'État de lancer cette reconquête et aux citoyens de la soutenir

1. www.lefigaro.fr/actualite-france/la-sorbonne-fait-polemique-en-reportant-une-conference-sur-les-freres-musulmans-20230510.

– y compris aux citoyens musulmans qui veulent vivre en paix en France : Pérez-Reverte montre très bien comment des royaumes musulmans se sont alliés à des royaumes chrétiens pour en finir avec leurs propres extrémistes et leurs propres dissensions. Tu es avec moi ou contre moi – et c'est tout.

Conclusion provisoire

Le 17 avril 2024 sortait au cinéma *Amal, un esprit libre*, film du réalisateur belge Jawad Rhalib. Pas dans tous les cinémas, nombre de distributeurs ayant reculé devant le sujet du film, de peur de s'attirer les foudres de la « communauté » musulmane. On peut voir dans ce long métrage le signe que la lucidité est de retour – mais que le chemin de la reconquête des esprits sera long, laborieux et sanglant. J'en ai écrit pour Causeur.fr[1] la recension suivante :

« Il est des boussoles d'autant plus fiables qu'elles indiquent systématiquement le sud. Prenez *Libé*, par exemple : Luc Chessel descend en flammes *Amal, un esprit libre*, le film de Jawad Rhalib sorti le 17 avril : "Sous prétexte de 'réalisme', écrit cet aimable garçon, le film de Jawad Rhalib dresse un portrait caricatural

1. Je ne saurais trop remercier ce magazine, l'un des très rares à être parfaitement libres en France. Plusieurs chapitres du présent livre ont paru d'abord sous forme de chroniques sur le site de *Causeur*. Grâces soient rendues à Élisabeth Lévy, qui m'octroie une liberté totale – une qualité bien rare chez les rédacteurs en chef.

et hypocrite de l'islamisme homophobe. Faux film sans cœur ni substance, fabriqué pour être vendu à la horde, un public peut-être grandissant, des passionnés de la 'laïcité', qui en tout domaine pourrissent ce qu'ils croient vaillamment défendre."

« *Fatalitas !* L'épouvantail "fasciste" se draperait désormais dans les oripeaux de la laïcité – enfin, ce que Jean-Louis Bianco et Nicolas Cadène, chargés jadis de la dépouiller de toute vertu républicaine, en ont laissé à leurs successeurs de l'Observatoire de la laïcité.

« Je dois à la vérité de dire que, dans le même temps, *L'Huma* parle d'un "magnifique thriller, implacable et éprouvant". L'un est à gauche et l'autre pas – à vous de trier.

« Rassurez-vous tout de suite : *Amal* est un film impeccablement scénarisé, joué, filmé et monté. Il y a bien longtemps que je n'avais pas vu dans un film francophone ce soin du cadrage, où un plan en plongée en dit plus long sur l'état d'esprit (dépressif) du personnage que trente discours didactiques.

« Il y a par exemple un plan furtif où Amal, l'enseignante de Lettres héroïne de cette épouvantable histoire, range ses livres après qu'un commando islamiste a dévasté son appartement. Et dans un plan furtif, on voit les *1 001 Nuits*…

« Avez-vous lu les *1 001 Nuits* ? Non seulement c'est le plus grand roman jamais écrit en langue arabe, mais c'est l'un des dix livres essentiels de l'humanité. L'un de ses personnages récurrents est le calife de Bagdad, Haroun al-Rachid – qui échangea des ambassadeurs avec Charlemagne, à qui il avait offert une clepsydre. Régulièrement, le calife descend dans les rues de Bagdad, en civil si je puis dire, accompagné de son poète favori, Abû Nuwâs.

« Une classe d'élèves essentiellement immigrés de cette banlieue bruxelloise – Molenbeek peut-être – a pris à partie une fille désignée arbitrairement comme "sale lesbienne" (c'est sidérant comme l'image de la lesbienne hante les consciences musulmanes, un souvenir de ce que leurs arrière-grands-mères faisaient dans les harems avec les autres concubines, sans doute, l'iconographie sur le sujet est immense). Amal, elle-même musulmane, mais libérée, fumant, buvant, vivant maritalement avec un roumi, a cru bon de leur faire lire quelques poèmes d'Abû Nuwâs, pleins de vin, de liberté, de libertinage et de beaux garçons : l'islam n'avait pas encore eu l'idée, au VIIIe siècle, de se parer d'une vertu farouche et homophobe.

« Quelle idée a eu là l'enseignante ! Les parents d'élèves (en burqa intégrale pour certaines, là-bas aussi ils entrent dans les établissements scolaires habillés pour impressionner et occuper le terrain) viennent protester – en hurlant, une mode de là-bas. De fil en aiguille, la jeune Monia ne supportera pas longtemps les déferlements de haine, avec mises en scène de mise à mort, qui s'étalent sur les rézosocios. Quant à Amal (attention, divulgâchage !), elle sera poignardée dans la rue par une autre de ses élèves, radicalisée par le prof de religion : elle remet ostensiblement son voile en sortant de classe, avec la mine extasiée de la Vraie Croyante.

« En vérité je vous le dis, une femme voilée, c'est louche ; une femme voilée radicalisée, c'est mortel. Alors, cent mille femmes voilées, comme à Marseille…

« Radicalisée, Jalila l'a été par le prof de religion, un certain Nabil – dont on nous dit innocemment qu'il est parti trois ans auparavant faire un stage de salafisme en Égypte. C'est l'un des personnages principaux. Au contraire des adultes qu'il fréquente et qu'il conseille, il n'exhibe pas sur son front la *tabaâ*, la marque laissée par les chocs répétés de la tête sur le sol pendant la prière – la marque des vrais croyants : boum, boum, boum ! qui est là ? c'est un croyant qui se cogne le front. Non : il porte un costume, une cravate, il est occidentalisé au possible : en fait, il est un Frère sous couverture. Un parfait petit Tariq.

« (Parenthèse : les cours de religion sont obligatoires dans les écoles publiques belges. Il est question de les rendre facultatifs à la rentrée 2024. Mais j'ai dans l'idée que les cagots de toutes farines sauront se mobiliser pour préserver la poule aux œufs d'or – et leur influence sur leurs ouailles.)

« Ce film prenant, sans temps morts, a été coproduit par la RTBF. J'attends avec impatience (et scepticisme, je l'avoue) que France Télévisions diffuse un film sur la montée du salafisme dans les écoles françaises.

« Mais où ai-je la tête… Ce n'est pas chez nous que l'on tuerait des enseignants en criant : “Dieu est grand !”

« Bien sûr, les islamistes et leurs relais me taxeront de racisme. Comme j'ai derrière moi quarante-cinq années d'enseignement, pendant lesquelles je me suis efforcé de faire réussir le plus grand nombre possible d'élèves, quelles que soient leurs origines ou leurs croyances (dont je ne me suis jamais enquis), l'accusation prête à sourire.

« Cette question du "respect" est bizarrement devenue centrale depuis une quinzaine d'années. "Respecte-moi !", crient de pauvres hères qui ne sont en rien respectables, étant entendu qu'il n'y a pas de respect *a priori* : le respect se gagne par ses actes. Et je ne vois pas très bien ce qu'il y a de respectable chez des gens qui pratiquent la contrainte par corps, méprisent les femmes, prétendent importer en France des coutumes qui ne sont même pas celles de leur pays d'origine. D'autant que nombre d'extrémistes religieux sont nés en France, doivent tout à la France et n'ont d'autre souci que de lui cracher au visage.

« On ne les renverra pas "chez eux", parce que chez eux, c'est ici. Reste à leur faire comprendre que ce "chez eux" est en fait "chez nous". Et que si nous voulons bien partager l'espace, c'est à la condition qu'ils s'y fondent. Il n'y a pas d'autre solution à l'extrémisme religieux que l'intégration et l'assimilation, qui ont si bien réussi à ce pays depuis deux siècles. Que les islamistes se veuillent inassimilables, puisque aussi bien ils prétendent assimiler tous les autres, est un fait : reste alors la répression.

« Il faut bien se représenter que les gens dont on parle sont en fait peu nombreux. On estime à un peu moins de six millions le nombre de musulmans en France, soit 8 % de la population française. Sur ce chiffre, moins de 10 % pratiquent un islam traditionaliste : il n'y a qu'à voir le nombre de musulmans qui boivent de l'alcool, écoutent de la musique, ont des relations amoureuses variées hors mariage et tiennent davantage à leur smartphone qu'à leur imam. Je crois fermement que le capitalisme est plus fort que la superstition.

« L'École aussi doit être plus forte. La diffusion autoritaire des savoirs, la tolérance zéro au niveau discipline comme au niveau travail, avec ou sans l'assentiment des familles, doivent être les règles du creuset citoyen.

« Cela suppose une refonte totale de l'École, trop longtemps livrée à des expérimentations glauques et à des pédagogies laxistes. Le savoir est la clé de tout enseignement sérieux. Pas la dissipation ludique. Respecter l'élève, cela consiste à l'accabler de travail et de connaissances, pas à lui donner la parole à tort et à travers, en s'extasiant des insanités qu'il profère et qui ne sont que la reprise, caricaturée, des insanités entendues à la maison, dans le quartier, dans les médias et sur les réseaux sociaux.

« Alors bien sûr qu'il faut contrôler les réseaux sociaux ! Après tout, la Chine y est bien arrivée. La question n'est pas la liberté immédiate de lire et d'écrire des horreurs et de mettre en ligne les exactions du Hamas, mais la liberté différée d'avoir un travail intéressant, des relations humaines qui ne soient ni contraintes ni vociférantes, et un mode de gestion des contrariétés qui ne passe pas par l'exhibition d'une lame de couteau.

« C'est cela, le programme, et pas autre chose. Les enseignants qui n'y adhèrent pas peuvent démissionner – sinon, on doit les démissionner. Tout comme les parents qui tolèrent que leurs gamins se comportent en caïds doivent être déchus de leurs droits parentaux – ou en tout cas de tous les avantages financiers que la République, bonne fille, leur concède pour l'éducation de leurs charmants bambins assassins d'enseignants. »

Table

SECONDE PARTIE

DU PRINCIPE DE LAÏCITÉ

Cet ouvrage a été composé par
Facompo à Montrouge (Hauts-de-Seine)

Impression réalisée par
CPI Brodard & Taupin
en août 2024
pour le compte des Éditions de l'Archipel
département éditorial
de la S.A.S. Écriture-Communication.

Pour plus d'information :
#lisez! engagé
www.lisez.com
Imprimé sur du papier issu de forêts gérées durablement.

Imprimé en France
N° d'impression : 3057069
Dépôt légal : août 2024
Rang de tirage : 01